无畏

[美] Mark Divine 马克·迪文——著

刘军宇——译

STARING
DOWN THE WOLF

CTS | 湖南人民出版社 · 长沙

图书在版编目（CIP）数据

无畏 / （美）马克·迪文（Mark Divine）著；刘军宇译. --长沙：湖南人民出版社，2023.10
ISBN 978-7-5561-3160-0

Ⅰ. ①无… Ⅱ. ①马… ②刘… Ⅲ. ①企业管理—组织管理—研究 Ⅳ. ①F272.9

中国国家版本馆CIP数据核字（2023）第114841号

无畏
WUWEI

著　　者：［美］马克·迪文
译　　者：刘军宇
出版统筹：陈　实
监　　制：傅钦伟
责任编辑：田　野　张倩倩
责任校对：张命乔
装帧设计：饶博文

出版发行：湖南人民出版社［http://www.hnppp.com］
地　　址：长沙市营盘东路3号　　邮　编：410005　　电　话：0731-82683357

印　　刷：长沙新湘诚印刷有限公司
版　　次：2023年10月第1版　　　　印　　次：2023年10月第1次印刷
开　　本：880 mm×1230 mm　1/32　　印　　张：10
字　　数：158千字
书　　号：ISBN 978-7-5561-3160-0
定　　价：59.80元

营销电话：0731-82221529（如发现印装质量问题请与出版社调换）

目 录

引言

进入新地带

市场形势变幻莫测，首席执行官们或高级经理们已经无法再单纯依靠原来的模式营利。如果你是其中一员，这是否会促使你追求新的财政收入和利润呢？

现在很多人事部门仅仅在履行雇用、评估、升职和解雇这类职责上做得好……也许还有开展调查和开展培训。因为他们被训练成把人当作资源而不是当作人来对待。但是，现在他们面临的挑战是，如何用最重要的方式，即从情感上、道德上、精神上去培养领导者。

或许你就是这些年轻的领导者中的一员，由于讨厌被别人当作一种资产，你感觉不自在。典型的组织机构（比如你的团队）往往让人完成无止尽的任务，并遵守没完没了的工作流程，在培育强有力的团队文化方面却几乎不花时间。但恰恰是这个不被注意的层面能让领导者在新的形势下找到获胜的方向。外部的形势（这就好比是外部地形）就像战场，在这个战场中，你的团队很有可能遭受严重伤害甚至被摧毁。

然而，当处于外部新战场中时，那些让人获胜的灵感却来自内在认知（这就好比是内部地形）。内在认知是指个人或团体的思维模式。内在认知的形成需要我们具备新技能和新的发展模式，以便能有效应对外部形势的快速变化和不确定性。美国军事院校发明了一个术语来描述世界的"易变性、不确定性、复杂性、模糊性"，即这四个词的英文首字母缩写 VUCA。在企业领导力方面以及在商业中，这称呼也流行起来。为了能在带有易变性、不确定性、复杂性、模糊性特征的任务中取得胜利，领导者需要新一代的方向指南，即指南针。无论在顶峰，还是在谷底，这个指南针都能为领导者导航，而且它带有情感、道德和精神的力量。新的领导者需要把他们的自负放在一边，尊重团队的需求，成为"完整的领导者"，即拥有全球视野并从大局出发来领导团队。

如果能成为这样一位"完整的领导者"，并全心全意融入团队，那么领导者与团队形成的深厚关系就能根深蒂固。如果这样做了，那么我们将迎来巨大的成功。

但是，恐惧就像恶狼一样阻拦我们前进。

我们用"恐惧之狼"来比喻那些阻止你前进的事物，它们是深深烙在你心里的恐惧、否定模式和偏见。它们会在哪些事上阻止你呢？你原本可以买进某公司的全部股份，它们让你功亏一篑；它们妨碍你对团队进行调整；它们让你不敢遵从内心，从而无法成为真实的自己。

本书旨在帮助你逼退恐惧之狼，即克服那些负面影响的制约，从而让你充分发挥自己的能力。这也是你释放自己巨大潜能的唯一方法。

外部新形势不再允许领导者以损害人们利益为代价去追逐利润，这很重要。目前，你最重要的东西是你团队的成员和团队文化，而其他任何事情都无关紧要。当外部形势的风向改变时，你顺"风"势而为就可以了。

作为一个领导者，你不能对市场的多变性和不确定性、竞争对手、投资方、客户横加指责，将失败甩锅给这些因素。这样的转变全得靠你完成，不然你的团队就会被新环境扼杀。你其实很幸运，因为这里的"扼杀"并不是指真正意义上的被杀死。因此，在前进的道路上，你不要因外部形势的易变性、不确定性、复杂性、模糊性而故步自封、裹足不前。

在与许多领导者及团队的合作中，我发现在过去的几年间，大多数人都遇到了困难，他们突然开始觉得自己不再具备竞争力了。以前对他们来说有效的东西，在某种程度上失去了效力，仿佛他们的武器已经失去了杀伤力。这些领导者在商学院、研讨会以及职业培训中学习的专业技能已经不能满足新形势下的需求，也就是说，上述课程和培训无法培养出团队所需的领导者。尽管他们敏锐地看到并感受到了这个新战场是什么样的，但他们不知道该如何继续推动自己的团队向前发展。

战斗、逃跑、停在原地，这些行为在商业活动中层出不穷。

当你需要巴顿将军这样的领导者时，他们在哪里？抱歉，没有任何一位来自外部的变革型领导者或顾问能为你或其他人"解决问题"。

唯一能依靠的变革型领导者是你自己。你必须改变你自己，同时也必须改变你的团队。

一边持续做着无用功，一边还期待获得更好的结果，这简直是异想天开。这本书不会给你一堆花哨的策略和耀眼的技巧来解决你的问题。相反，它会为你提供一些见解，告诉你如何培养自己和团队的品质。那些品质主要包含勇气（道德和精神方面的勇气）、信任（信任他人和可被他人信任）、尊重（尊重他人）、成长（不断成长）、卓越（自我领导力和适应能力所带来的卓越）、韧性、一致性（有共同的目标、愿景）。上述这七种品质能让整个团队全力以赴去实现团队目标。

培养这些品质需要你深入自己的内心，去克服一切阻碍你充分发挥直觉、创造力和连接能力的负面特质。坦白地说，你无法假装成一位完美的领导者，也就是说你无法拥有所有的优秀品质，而没有一丝缺点。在很久以前，你团队中的同事就看穿了那样的把戏。同样重要的是，你不能再把你内心的阴影投射到你的团队。这些内心的阴影是你身上那些负面性的习得性行为，它们通常与你年轻时的情感创伤经历有关。它们会影响你的人际关系和你团队的表现。它们会表现为投射，移情，攻击性、被动攻击性行为，或者表现为沟通技巧糟糕透顶。在你没能消除这些阴影前，你的团队不会完全信任或尊重你，这也限制了你的成功。

可以通过完成具有易变性、不确定性、复杂性、模糊性的任务，来推动你和你的团队去培养本书中提到的七种品质。当你这样做的时候，你就会快速成长，到达发展的最高阶段，成为"完整的领导者"。要实现这一点，你需要意识到自己心中存在恐惧之狼的阴影，同时你能在日常工作中进行自我控制。这样做能让你解决好自己的阴影问题，对自己作为万物之灵的本质有清醒的认识，并成长为一个完全的、真正的领导者。这项工作很艰巨，但对于领导者来说却必不可少。因为你的未来和你的团队的未来——如果考虑到我们要共同面对的全球挑战，那么也许还有人类的未来——都取决于此。你必须逼退恐惧之狼。

你的五个稳定状态

从发展心理学的观点来看，每个人内心对现实社会都有不同的认知，从而在心中形成了各自的认知地图。这让领导工作变得复杂起来，因为不仅外部情况会由于易变性、不确定性、复杂性、模糊性而改变，团队成员的内在认知和领导者也不一样。大家心中关于现实的认知地图既不稳定，也各自迥异！大多数领导者忽视了这个事实，因为他们还没有学会识别不同的情况，或者他们被困在一张不完整的认知地图中，只见树木不见森林。所以，只有领导者认清主要的现实情况，才能激发他们以及他们团队进行自我转变。

我已经找出领导者（这些领导者都是我的客户）所认同的五个观点，这些观点是他们基于对现实的认知而形成的"地图"。我将这五个观点命名为五个稳定状态。这些稳定状态塑造了他们的世界观，决定了他们对别人的反应并界定了他们所热衷的信仰。每个稳定状态都具有一致的、连贯的世界观，但在包容范围或整体性方面都是不完备的。在到达第五稳定状态后，这些稳定状态就会全部融合在一起。此外，一个人的阴影要素会在他处于不同的稳定状态时以不同形式出现，对成长产生负面影响。有一点比较好，那就是领导者能通过经年累月的自律练习，消除他们的内心阴影，并迅速成长到第五稳定状态，即全面发展或综合发展的状态。

另外，在第五稳定状态，融合带来了一种更广阔、更包容的世界观，它超越并包含了所有先前的状态。第五稳定状态体现出来的整体性让领导者开启了更广泛的连接，发挥出了更大的潜力、执行力，树立起了更强的服务意识。当然，第五稳定状态也使领导者的管理更有效，让他们获得更大的成功和满足感以及更重要的意义。

对于那些成长到第五稳定状态的领导者来说，他们会看得越来越清楚，并摆脱自己内心的阴影。这项工作不是一次就能完成的，它将持续进行着，没有终点。专家们也同意这样的观点，即成长会持续到第五稳定状态之后。但是，只有一小部分人能在有生之年看到第五稳定状态之后的成长。让我们把带领团队和领导者一起走向第五稳定状态作为我们的目标吧。在这个过程中，我们不仅能改善团队，而且能改善全球文化。

如果你熟悉心理学家肯恩·威尔伯的作品，那么你会注意到他以及其他心理学家对这五个稳定状态的影响。我很荣幸能与威尔伯和他一些最早期的助手一起学习和工作。威尔伯是整合理论的缔造者。整合理论是一个成长的框架，它将西方心理学与东方超个人发展模型结合起来，形成关于人类经验的完整认知地图。这张地图包含个人和集体、主观和客观两个方面。对个人、集体、主观、客观这四个领域的觉察是很重要的，因为当这些内在认知地图被应用于需要自主学习的事物中时，它们会从心理上对学习者产生积极主动的影响。这意味着对这四个领域的一丁点儿认识都能促使我们成长。

我一生大部分时间都在研习禅宗、瑜伽和武术，经过20年的钻研，我终于深深理解了威尔伯所说的"人类的使命就是觉醒、成长、净化，这样我们才能以真实自我的面貌出现"。觉醒意味着从身世、思想渊源和最初情感中抽身而出。觉醒是为了认识自己永恒的天性，以及自己与万物的统一。觉醒的过程，是我们开始欣赏蕴藏在所有人内心深处那份潜能的过程。成长与觉醒不同，它意味着个人发展到更全面和更包容的状态，从而获得更多包容力和领导力。净化是消除内心阴影，即逼退恐惧之狼，这是最难的部分。这本书的目的是给你提供净化的灵感和工具，这样你就可以在第五稳定状态后继续成长，并获得更强的领导力。

你的稳定状态是什么

你的发展状态会在很大程度上受到你的父母和你的成长环境的影响。那些有理想的成长环境的人，可以自然而然地成长到第四稳定状态。这也反映了工业时代人类整体意识的发展。正如前文所说，当人们经历过每个稳定状态后，他们对自我和他人的看法就会变得更加开阔，更加具有包容性。第一稳定状态纯粹以自我为中心，只关注自我的需求。第二稳定状态是以种族为重点的种族中心主义，而第三稳定状态大部分是种族中心主义，但对于那些有全球旅行和工作经历的人来说，可能会变成世界中心主义。第四稳定状态和第五稳定状态以世界为导向，处于这两种稳定状态的人，对人类和地球表现出更多的关心和深思。但是威尔伯估计，处于第五稳定状态的人数只占世界人口的百分之五左右。

下表提供了每个稳定状态的认知地图：

状态	主要模式和发展阶段	典型表现	积极情绪与动机	阴影
第一稳定状态	**主要模式：**幸存者 **发展阶段：**以自我为中心	冒险者； 帮派成员； 适者生存； 自己照顾自己； 独行者或骗子； 安全需求未满足	不放弃； 大胆行动； 爱（订立契约）	鲁莽； 焦虑； 过度冒险； 僵化思维； 羞耻或骄傲； 侵略或屈服； 缺乏信任或尊重
第二稳定状态	**主要模式：**保护者 **发展阶段：**以种族为中心，极度关注自己的种族	战士或牧羊犬； 认为旧的方式仍然是最好的方式； 官僚主义，认为规则、地位和等级非常重要，认为安全和有限的资源必须得到保护	保护现状； 勇敢地行动； 为权利而战； 信任并尊重权威和传统角色； 热爱自己的种族，爱国精神； 信任更高的权力和宗教角色	内疚； 嫉妒； 等级僵化； 种族主义，性别歧视，年龄歧视等； 低自我价值感； 固定型思维模式——"它本来就是这样"
第三稳定状态	**主要模式：**成功者 **发展阶段：**种族中心主义，以及伴随全球贸易出现的世界中心主义，用技术解决问题	重视物质上的成功； 认为价值比等级和地位更重要； 领袖、企业家、首席执行官、专家，自力更生和独立	相信自己有创造力； 有雄心，有执行力； 呈现出本书提到的前五种品质； 通过团队合作满足他们的需求； 寻求横向成长——以成功为目标的个人发展	粗心； 鲁莽； 贪婪； 抽象思维和道德相对主义

（续表）

状态	主要模式和发展阶段	典型表现	积极情绪与动机	阴影
第四稳定状态	**主要模式：**均衡者 **发展阶段：**以世界为中心，生态学，行动主义，可持续商业主义，意识资本主义，慈善事业	学者； 活动家； 慈善家； 社会企业家； 平等主义者； 敏感； 出于关注、关心和稀缺性而行动。	尊重平等； 探索宇宙的奥秘； 爱他人，疗愈他人； 关爱他人，愿意与他人建立关系； 七种品质都存在，但没有经过整合； 寻求纵向成长——为他人服务	精神自我主义； 阶级嫉妒或愤怒； 缺乏具体行动，具备拯救世界的抽象思维； 缺乏对他人，即那些被认为低于其发展水平或智力水平的人的包容
第五稳定状态	**主要模式：**整合者 **发展阶段：**以世界为中心，考虑到全人类和地球的需求的商业主义，需要所有物种保持平衡	综合治疗师； 全球战略家或思想领袖； 大师级老师，比如瑜伽老师； 注重过程和系统的相互依存性； 考虑双赢，从同情、富足、慷慨和服务出发	整合了七种品质； 具有远大的愿景； 普遍关怀和关注其他事物； 努力实现和平与平衡； 以不同的方式感受世界、身心、精神、幻想、行动	高度关注发展，可能过于包容；可能狭隘地认为每个人都是对的； 缺乏从别人的角度来认识他人的技能

如前所述，领导者和团队有能力进入这五个状态中的任何一个，但他们通常稳定在其中一个状态而不自知——他们如井底之蛙，想象不到其他的状态。对外人来说，这些状态可能显而易见，但对他们来说却不是，因为他们不熟悉外部的新形势。许多人将因为缺乏知识、渴望、时间、机会或精力而无法为了成长为这个重要的角色去努力。大多数人在

各自的稳定状态里都很舒服。从他们的角度来看，所有的关系以及政治、宗教和其他观点都有其道理。而且他们没有错——只是他们的认知不够完整。从这个意义上说，无知确实是一种幸福。他们待在自己的舒适区里很舒服。如果他们缺乏动力，负担过重，出现生理性抑郁、麻木或者完全处于生存模式，那么他们就不会有所行动。如果他们深深沉浸在自己的种族和与之有关的故事中，那么他们也不会倾向于寻求成长。他们可能不愿承认他人的观点甚至生命和他们自身的一样重要。这是卡罗尔·德韦克在她的优秀著作《终身成长》中谈到的固定型思维模式。固定型思维模式在团队中并不罕见，因为阴影作用和整体领导对大多数领导者来说都是新观点。由于你正在阅读本书，我假设你并没有固定型思维模式，而是渴望快速成长，即希望拥有成长型思维模式。

即使我们拥有成长型思维模式，从统计数据上看，我们也可能不在第五稳定状态，所以你可以认为自己还有成长的空间！我自己心中曾有不完整的地图和阴影，这使我多年来一直停留在第三稳定状态的成功者模式和第二稳定状态的保护者模式。通过持续不断的自我意识训练来逼退恐惧之狼，我打破了强加给自己的限制。

现在到了让你觉醒、成长、净化，然后去支持你的团队的时候了！问题在于，你现在最认同的稳定状态是哪一个？

你可能会发现，在你最美好的时刻，你会认同第五稳定状态：对所有人都表现得平静和充满爱。但当你内心的恐惧之狼嚎叫时，你会被拉回到第三稳定状态，当一个麻木不仁的超级高手。或者被拉回到第二稳定状态，因你支持的足球队的失败而爆发情绪：你疯了一般地大喊大叫，甚至几乎要和人动手。

如前所述，你的成长和内心阴影会极大地影响你在这些稳定状态上的发展，而且你无法控制这些影响。重要的是不要因此去评价自己，灰心丧气，或者对某些情绪反应进行价值分级。对个人发展进行评分是不可能的事。其实，有这样的反应也很正常，这代表着你有些工作要做。成长和净化的第一步是意识到心中地图有缺漏，以及有阴影元素正阻碍你前进。接下来你可以进行相应的训练，直到将"超越和包容"的心与自身融为一体。在这个过程中，随着你经历不同的人和情境，你将会更加熟练地在不同的稳定状态间切换。

通过逼退恐惧之狼，你会发现在每个稳定状态中，当你抛开阴影时，你的觉察能力会得到进一步提升。

逼退恐惧之狼

总而言之，逼退恐惧之狼意味着面对你内心深处的消极特质或恐惧，然后用力逼退它们，减少它们对你生活的影响。你必须饿死它们，让它们无法阻碍你在第五稳定状态成长，无法阻碍你对自己的发展和能力进行完全整合。这样做，你将成为最有影响力的领导者。

如前所述，你心中的阴影是那些偏见、无意识模式和保守的行为，它们让你的全部努力付诸东流，并且损害你和他人的关系。不管你是否愿意承认，你心里都有这些阴影。它们会阻碍你成为那种能遵从内心的领导者。

我会在本书中与你分享我的自我发现历程，那是一个漫长的过程。作为一个领导者，我发现通过消除自身的阴影，即负面的条件作用，能大大提升团队的成功概率。为了建立精英团队，我们需要培养本书中重点讨论的七种品质，以便消除阴影的作用，击退恐惧之狼。这些品质是我必须在书中充分体现的品质，同时我也必须以身作则。

第一种类型的恐惧与人的天性有关，比如对死亡的恐惧，或者从海豹突击队员的角度来看，对黑暗的水下空间的恐惧。但是第二种类型的恐惧，比如对风险、失败、评价、不适、独特性或障碍的恐惧，与童年创伤，比如被遗弃、不安全或没有价值的感觉有关。我们中的许多人都具备应对第一种类型的恐惧的策略和方法，但是对第二种类型的恐惧，也就是那些与阴影相关的恐惧来说，用蛮劲控制情绪的方法却用处不大。那些阴影的模式会不断出现，破坏你取得的进步。在不同稳定状态里，阴影问题暴露出来的表现如下：

第一稳定状态中的阴影问题包含如下特征：因为自己受过创伤而表现成受害者；短期生存思维；行为冲动；过分迷信或者墨守成规；有报复性；爱羞辱他人，其实自己也容易感到羞耻；表现出被动攻击行为和成瘾行为；缺乏安全感，感觉被无视、被轻视以及感觉自己的生活毫无意义；会隐居独处，或感觉与他人隔绝。

第二稳定状态中的阴影问题包含如下特征：爱指责他

人；嫉妒他人的成功、身材、容貌、财富或地位；表现出攻击性、被动攻击性或控制性行为；产生道德绝对主义；故作姿态；傲慢；种族主义，性别歧视，或者极端宗教狂热。

第三稳定状态中的阴影问题包含如下特征：激烈竞争或者物质至上；过度工作、鲁莽、贪婪或过度冒险；不需要任何帮助——独自行事感觉更安全；避免冲突或重要的对话；需要被其他人仰慕——成为完美先生或完美女士。

第四稳定状态中的阴影问题包含如下特征：过于敏感，在处理重要问题时，由于情绪上的不适而对这些问题避而不谈；对那些不赞同的人或事评头论足；将自己的看法强加于他人或集体，并视其为唯一正确的看法。

第五稳定状态中的阴影问题包含如下特征：对来自其他状态的那些挥之不去的阴影进行处理；倾向于将母亲和父亲的问题转移到异性或权威人物身上；把自己不喜欢或已经否认的东西投射到别人身上。

我不断强调，这些阴影，即恐惧会削弱你的领导力。为什么？因为你团队中的每个人都能敏锐地感受到你这种机能障碍。此外，他们同样也都不完美，并且知道你和他们一样是普通人。如果你一边想掩饰这些，一边向他们扔负面消极的"手雷"，那么你就会立刻失去他们。结果就是团队会瘫痪，成员的参与度变低，最终陷入平庸状态。

以下的例子能说明，某些恐惧之狼的模式是如何影响我自己的领导力的，以及造成这种情况的根源是什么。

作为一个年轻人，我觉得自己不够聪明，所以我努力取得了对自己没有太多帮助的高级学位。我需要向自己和他人证明，我其实很聪明。在领导的位置上，我总是自以为是、独断专行，并且不太会接纳其他人的观点。但同时，我对自己的智力缺乏信心，这与我因儿时受父母的影响而产生的消极自我评价有关。

在早年的家庭生活中，我曾被虐待，我跟家里人的关系不好，还经常压抑自己的情绪，因而变得孤僻。这使我长大以后在处理关系的时候都充满戏剧性，我不断从一段失败的关系走向另一段失败的关系。对我来说，在担任领导者这个角色时，我觉察不到自己的情绪是一个问题。

我在年轻的时候学会了如何得体地和他人相处，自认为在别人眼里是个完美的人，所以我总是一副有所准备、随时恭候的样子。这意味着我几乎对每件事、每个人都点头称是。作为一名领导者，我很难拒绝别人，也不能很好地评估最适合我的是什么样的人和什么样的事。这让我消耗了很多精力去摆脱无谓的责任，以及远离那些正在利用我的以自我为中心的人。

我不相信自己有与生俱来的才智和价值。结果就是，我不仅会被权威人物吓倒，而且会嫉妒那些看起来更成功的人。这令我更加想要不断证明自己。

我一直不满足于自己的发展，试图通过不懈追求职业发展和净化心灵的方式来持续地"调整自己"。

但是，海豹突击队的训练和多年的冥想并没有根除那些阻碍我进一步成长的阴影。我被困在第二稳定状态和第三稳定状态的思维模式中很多年。

我不得不逼退我的恐惧之狼，然后用清理阴影的方法来让自己冲破樊篱，摆脱恐惧。

尽管有着这些限制，但通过逼退恐惧之狼，我有幸与一个幸福的家庭一起成长，拥有了成功的事业，推出了排名靠前的播客，并写了几本畅销书。我承认了自己的缺点，将我内心的认知地图进行了改良，并着手去解决心理上的阴影。只有经历了这些成长之后，我才能真正站在我的团队面前，因为他们想要并且值得得到这些。

当我怀着谦虚的态度与团队成员深深地连接在一起时，他们也以同样的方式回应了我。在我与许多成功的企业家、高管和其他精英人士共事后，我可以自信地告诉你，每个人都有类似恐惧之狼的包袱——当他们经历这些成长后，他们的领导力会更强，工作会更快乐！

内心之狼

恐惧和狼的比喻与一种存在于人类脑海中的负面情绪有关，这种负面情绪像狼一样凶猛。这头狼带给人恐惧，让人期待发生充满戏剧性的冲突和灾难，并让人持续不断地进行负面的自我对话。

但是在人的心中还有一头代表积极情绪的狼——勇气之狼。这头狼让我们关注他人，保持乐观，乐于构建人际关系，还让我们不沉迷于戏剧性冲突。

恐惧之狼会吸引你的注意力，并在你的脑海中争取占据统治地位。但勇气之狼只想被你注意到，并寻觅一些可以让你提升自尊的食物。

根据传说，最终控制你的是你喂养得最多的那头狼。

如果你一直挂念着生活中那些本来可以发生、应该发生、会发生而没发生的事情和做不到的事情，就会不断助长恐惧。如果你允许自己经历过的任何戏剧性冲突或者你人生中的消极念头、态度和习得性行为，不断萦绕在你的心头，那么恐惧之狼就会变得更强大。最终，它会变得非常强壮，甚至达到让勇气之狼变得畏缩不前、无法反击的地步。

然而，你可以逼退恐惧之狼，拒绝再喂它！然后你可以给勇气之狼喂好的食物，将它看作和你平等的伙伴，用你的心灵和思想来对它加以引导。

现在的你也许会对自己说："好吧，原来这里面都是胡扯。我原以为这是一本关于炫酷的海豹突击队的领导策略的书呢，这里谈论的竟然都是心理学术语。"请你放心，你想要的那些内容我都会谈到。这本书的主旨就是让其他人告诉你，他们是如何逼退自己的恐惧之狼的，如此一来，你就可以在以后的行动中展现出这七种品质。但是我也会告诉你，我曾经在哪里很失败，以及我是如何养成这些品质的。我会给你指引一条通往自由的路，那与通往恐惧的道路截然不同。

实现个人领导力的过程本就有些曲折。我希望你能通过运用这本书中的方法，找到真实的自己。你不需要先成为海豹突击队员，或者进行25年的冥想训练和20年的心理治疗，便能更快地达到这个目标并建立精英团队，直接从第五稳定状态开始领导队伍。通过和团队成员共同认真对待这七种品质，你将成为一个以真心为导向、以世界为中心的领导者。你们将一起发展卓越的团队文化，从而释放出意想不到的潜力。

这就是你将来征服充满易变性、不确定性、复杂性、模糊性战场的方法。

秘诀很简单，那就是磨炼你的性格，让你配得上领导其他领导者。

逼退恐惧之狼意味着摆脱个人想法，进入自己的内心。

只有到那时，你才能超越局限，建立一个比现在优秀20倍的团队。

这工作说起来容易做起来难。但请你相信我：它百分之一百值得。

你的团队正对你翘首以待。

恐惧：预料中的失败，你能接受吗

我年轻时曾在海豹突击队担任指挥官，那时我认为很多东西都是理所当然的。当步入职场，第一次组建团队便遭遇滑铁卢时，我才意识到自己的错误。

我在公司工作时，并未感到自己是团队的一分子，而且我的团队文化和我所持的乌托邦式的领导理念并不一致。就算在那时，我对物质也没什么兴趣——金钱、房子等对我来说都不重要。我寻求的是发自内心的目标，以及更有人情味的领导方式。尽管我内心明白怎样成为一名优秀的经理，也清楚如何在公司里节节高升——只要我投入时间，洞悉职场之道，我就能升职，从而管理更多的人，但是在企业中，要想成为一名真正的领导者却绝非易事。

参加海豹突击队之前，我在企业短暂工作过一段时间。在那里，我和其他人一样，对于如何建立好的团队毫无头绪。但我开始放眼四周，仔细观察，努力寻找答案。尽管21岁时的我懵懵懂懂，说不清楚什么是好的团队、什么是糟糕的团队，但我知道自己对现状并不满意。

那时我看到，为安达信会计师事务所、库珀斯-莱布兰会计师事务所和潘恩·韦伯公司那样的大公司工作的人，大部分都是精致的利己主义者。他们并不关心如何建设一个众志成城的团队，也不关心如何追求卓越的文化或者培养良好的品德。所有人都忙着追名逐利，爬到高位，无视这些行为会给他人、团队乃至团队文化带来什么影响。如今，在当初的几家大公司中，只有一家还未关门大吉……所以我们至少可以说，他们的领导方式都很失败。

尽管我认为自己可以胜任一名优秀的经理，找到一种在公司晋升的方法，但是在那样的公司环境中，成为一名真正的领导者似乎机会渺茫。

这样的景象最起码可以说让人沮丧。所以我选择退出，加入了美国海军海豹突击队。我想说，这么做没什么不好，不是吗?

初学者思维方式

作为一名工商管理硕士和注册会计师，我在华尔街度过的四年光阴并没有白白浪费。毕竟，我接触到了禅宗，它改变了我的生活和认知。这方面的训练让我能够控制原本难以驾驭的思维，并意识到我的思维循环——受我的童年经历及小镇生活经历影响而形成——迫切需要得到改善。渐渐地，新的认知地图在我的脑海中形成，这个新地图将会指引我未来的成长方向。

我第一次认识了真实的自己。

当我的思维稍稍平和之后，下一步的工作就是探索那些内心故事，这些故事曾驱使我做出于己不利的行为。随后，我发现自己变得更有创造力、更灵敏、更主动。比起以往，未来在我眼中变得更清晰了，我不再消极面对生活中的挑战。这是我一生中最谦逊、最自由的时期。回想起来，我收获了禅宗中所说的"初学者思维"。

25岁的时候，我把学到的大部分不相干的商业知识全部抛在脑后，穿越了整个美国，并成了海豹突击队中的一位领导者。

在训练中，我能看出其他人都很渴望拥有像我这样的领导者身份。此外，我还发现海豹突击队在培养领导者和团队方面有条不紊。这与我几个月前在华尔街的经历截然不同，我就像着陆到另一个星球，正向一个新物种学习。海豹突击队非常重视培养年轻领导者，但如何排解掉那些不好的情绪则取决于个人。其中一些可能是你因失误受到斥责而产生的心理包袱。

我被指派负责一个名为"船员"的小组，这个小组之所以这样命名，是因为我们去任何地方的时候头上都顶着船。这些船被称为IBS，是"小型充气船"的简称，但这也是"小不点儿船"的简称。海豹突击队员们喜欢幽默，因为幽默能让他们摆脱持续的压力！我向团队强调，我们无论何时都要在一起面对挑战。虽然我是被指派下来的领导者，但我希望自己首先成为一名团队成员，并且帮助他们每个人，一直到他们毕业。我们采取的态度是，除非教练杀死我们所有人，否则我们不会离开那里。在任何时候，如果任何人有了想退出的冲动，那么我或其他队友都会帮助他们渡过难关。这与我在企业界受到的待遇不同，这种感觉很好，好像我们是用真心而不仅仅是靠头脑来领导团队。

在成为正式的海豹突击队员之前，我们需要接受9个月的培训，包括基础水下爆破和海豹突击队资格培训，以便淘汰那些不具备海豹突击队团队领导特质的人。这意味着我们要有领导自己的特质、领导别人的特质，以及接受别人领导的特质。这个培训在不断地检查我们在这三个方面的特质，缺少其中任何一项的候选人很快就会被淘汰或自动退出。我们的船员几乎每天都在重组。训练的意义对我来说显而易见，它不是为了证明我们有多顽强——顽强是个前提条件，它的关键是证明一个人是否愿意成长为一个好的领导者和好的队友。

在我开始基础水下爆破训练班的训练时，队伍里有185名绝对的硬核学员。到我们训练结束时，只剩下19名领导者。我的全部7名船员都和我昂首挺胸地站在一起——在毕业那天，大家满脸笑容。我被选为班上的荣誉获得者。

在没有完全明白我自己是如何做到这些的或者为什么能做到这些之前，我就已经建立了自己的第一个精英团队——一个有能力承受世界上最苛刻的身体训练、精神训练和情绪训练的团队。每个队友都展现出了勇气，建立了相互间的信任，赢得了尊重，得到了最好的成长，同时继续专注于我们的共同任务。

作为海豹突击队里的领导者，我多次重复了这一经历，我认为自己已经知道如何成为一名真正的领导者。所以当我离开现役海豹突击队去进行第一次创业时，我理所当然可以复制同样的成功，这是不容置疑的，对吧？

但事实上，很难。

迅速的失败

1996年，在我准备离开现役转为预备役之前，我开始了第一次创业冒险。我计划开一家提供自酿酒的啤酒公司，它位于海豹突击队所在地加利福尼亚州科罗纳多，名为科罗纳多酿酒公司。我妻子的哥哥将成为我的生意伙伴，我才刚刚开始了解他，他就说服我一起做啤酒生意。

我的第一次创业理所当然会跟啤酒有关。因为啤酒一直伴随着我的成长过程，我拥有的另一个"硕士学位"就是喝啤酒。酒精是我的阴影家族中的一个成员，它将很快为我的恐惧之狼提供更多的能量。从商业角度来看，精酿啤酒是一个绝佳的机会。我所在的家族掌握着圣迭戈的第四大啤酒厂。我没有过多考虑这个想法背后的原因。对我来说，拥有一家酿酒公司听起来非常棒。

也许你会赞同我这么做。

无论如何，我根本不愿意回到大公司工作，或在纽约州最北部的家族企业中任职。而且，海豹突击队的经历给了我自主创业的极大自信。所以尽管我对酿造啤酒、餐馆经营和创业一无所知，但我知道自己可以找到一条路或走出一条路，我们在部队时经常这样说。

我的合伙人不愿意经营日常业务，因为他有其他生意要照顾。我必须决定是否离开海豹突击队，到企业里工作。那时我看到了作为一个已婚男人，我的海豹突击队的生活将会多么具有挑战性。我想如果部队想让我有一个妻子或者一家企业，那么他们早就会把两者都发给我，也不希望我离开。我很不情愿地离开了海豹突击队，告别了在那里激情燃烧的岁月，告别了朝夕相处的队友，开启了我在科罗纳多酿酒公司担任首席执行官的职业生涯。

欢迎来到新的战场。

我把我那"不放弃"徽章别在袖子上，然后投入工作。我认为自己在海豹突击队时培养的专注习惯和经过考验的领导技能，将成为我成功的秘诀。我将自己的个人退休账户中不算多的金额进行了折算，并从我的家人和队友那里筹集了60万美元的种子资金。然后，我凭借之前辛辛苦苦获得的工商管理硕士学位、注册会计师证书以及一份商业计划，从美国小企业管理局获得了80万美元贷款。在我离开现役6个月后，我们买了房子，用我在海豹突击队服役时训练出来的行动力把那里装修好，随后以一个盛大的派对作为开业仪式，正式开始经营这个啤酒公司。

可疾风骤雨马上来临了。

我在海豹突击队学到，除了兼顾团队大局观，以及明白达到目标的重要性，还要确保自己清楚地知道任务的目的是什么，并且清楚战场的形势。要不断地对它们进行检查和调整，这样的习惯已经深入我的内心。但是，在企业界这个新战场上，我却莫名其妙地没有这样做，而是把什么东西遗漏了。我专注于现金流和运营需求，甚至到了看不到市场上发生的变化的程度。那时没有海豹突击队这个精英团队来检查我的六点方向（军事术语，意思是照看我身后），并改善我的思维方式。我既没有利用自己在海豹突击队学到的东西来进行选拔和培训，也没有发扬那里的文化并遵循那里的制度。相反，我日复一日地面对一种"白板状态"——一块空白石板，很快就被负面事物填满。

我的恐惧之狼已经迫不及待要冒出来了。

在我们开门营业之前，我妻子的哥哥就第一次行使了他的权力。他宣称要带他的兄弟加入我们成为合伙人。我没有提出异议。因为相互依存思想是我身上的一个巨大的阴影问题。突然之间，就这样出现了创建科罗纳多酿酒公司的"三兄弟"——我在公司内部是他们眼中的外人。我们酿造了一种叫"三兄弟淡色艾尔"的啤酒，在整个过程中，我只是在不断推进此事。

就这样，我的所有权和投票权从50%降到33%。我投入了所有的积蓄，筹集了所有的外部资本，同时还担任着全职首席执行官。而我的合伙人当时没有投入任何钱，没有筹集到一个子儿，也不是天天在公司上班。

你问我那时是怎么想的。

问得好。当我用第三稳定状态的成功者模式开始做生意的时候，我完全没有意识到真正发生的事情。我表现出的是第一稳定状态的幸存者模式和第二稳定状态的保护者模式，这两种模式的阴影在发挥着负面的条件作用。虽然我一直希望事情会变得不同，但我慢慢意识到，不良队友在拖我后腿。我的问题出在我没有能力躲避他们的操控，所以我需要和我自己的队友斗争，但我根本斗不过自己的队友。

毫无疑问，我发现了一些盲点，并且开始看到我的恐惧之狼控制了我的内心。

由于不清楚自己站在什么样的立场上，我建立了一个更低的新标准。这个标准是默认让我妻子的哥哥来定义行事的规则和组织机构的文化。我只关注战术上的操作，而忽略了这本书中重点讨论的七种品质，结果我让他们把负面影响带到了整个公司。

我没有去直接面对他们，因为我还有自己尚未处理好的阴影，避免冲突就是其中的一部分。所以，我去了董事会，向他们坦白：当前的领导团队已经是一团乱麻。

我希望他们能把事情处理好。但是，他们与我的期望背道而驰，他们反而继续让公司以不良的方式运行。我的两位合伙人通过秘密渠道听说了消息，他们立即摆出战斗姿态，列出了他们的情况和商务计划。与此同时，公司资金短缺，所以我又找了一个大投资者来支撑局面，并且令人感到难以置信的是，我们开始拓展业务了。

当妻子的哥哥和他的兄弟直截了当地告诉我，他们将通过投票的方式反驳我反对扩张的想法，以及他们还想以极低的价格回报投资者的时候，我终于承认，我们在观点和行为标准上存在差距。突然之间，这变得不再仅仅是个性上的冲突。我试图让他们接受我的想法，并确保投资者能获得丰厚的投资回报。

结果正相反，他们发起了一场全面运动来反对我，迫使投资者和我的家庭成员站队。在争夺宝贵资产的斗争中，他们让我的妻子和岳父疏远了我。我的岳父曾经是一名海军陆战队队员，他曾支持我努力去保护股东的利益。

他们的做法在家庭成员之间制造了隔阂，或者说是裂痕，这裂痕至今仍未愈合。

这是一个巨大的失败。

我试图卖掉这家公司，但因为涉及各种法律纠纷，没有人愿意碰它。我妻子恳求我离开公司，所以我最终认输，跟我妻子的哥哥和他的兄弟进行了收购协商——价格远低于公司的实际价值——然后离开了。我把一个价值数百万美元的企业建立起来之后，拱手让给了他们。

尽管我接受了直面敌人的所有训练，但我还是缺乏看清自己的情绪缺口的技能，也缺乏直面内心深处的恐惧的技能。那次领导力的失败主要是由于我的负面的条件作用，而不是我的战术和技能出了问题。我在成长过程中形成的负面的条件作用——我之前谈到的那些自己从未处理过的阴影——绊倒了我。在我与成千上万的领导者和团队的合作中，我发现负面的条件作用也是他们失败的主要原因。

这个案例表明，领导力在某些方面存在软肋，但很少有人想要去解决它，他们甚至不知道如何解决它。不管你多聪明、多有技巧，你的发展阶段和情绪觉察力将决定你作为领导者的品质，而你的品质将决定团队如何回应你。如果你有未解决的负面的条件作用，那么你将不可能在自己渴望的层次上取得成功。而且据我观察，所有领导者自身或多或少都带有未解决的负面的条件作用，但是他们并没有意识到这一点。这就是一个接一个的阻碍或者失败出现的原因。人们淡淡地把它们称为"生活的教训"，失败也就在预料之中，你准备好了吗?

成为领导者中的领导者

你可能在电视上看到，海豹突击队员擅长各种让人瞠目结舌的技能，比如在到处都是鲨鱼的海洋中游过一段不可思议的距离，从相距近2000米的地方射击、炸东西，从正常行驶的飞机上跳下来，乘坐快艇快速绕过拐角，毫不费力地穿过敌人的海滩，以及微笑着干掉最凶悍的敌人。

然而，表象的背后是，他们花了相当多的时间来培养顽强意志以及情绪控制技能。不留情面的诚实是标准作业程序，它确保在违反一个标准后可以立即进行补救。没有事情会被掩盖下去，他们认为，处理情绪化问题带来的短暂不适比有意无视它们的长期痛苦要好。

　　在特种作战部队的世界里，每个人既是领导者又是队员。领导者领导着一个由领导者组成的团队。每个影响力和品质兼具的人都被认为是王者。如果你是异常情况的源头，而且无法克服你的缺点，那么不管你是什么角色，即使是团队的指挥官，都会被请求离开。这一做法在筛选阶段和培训的早期阶段就已经开始实行，并贯穿整个职业生涯。

　　你所处的困境能培养你控制情绪的能力。在一定程度上，组织的结构能促进个人的性格培养。同时，对个人特质和团队文化的极端关注是特种作战部队成功的基础。

　　但是很明显，特种作战队员并不完美，他们会表现出普通人的缺点。这一点得到了我和队友的肯定。不论他们在控制自己的思想和情绪方面多么训练有素，每个人都在与他们的恐惧之狼斗争着。尽管压抑情绪对一名战士来说是有用的，但对一名企业领导者来说，它的用处却有限。而且学习控制情绪比觉察内心的阴影并解决阴影问题要容易得多。此外，尽管特种作战部队擅长培养心理韧性，但他们在发展认知能力和培养道德品质方面却落在后面。海豹突击队中一直在讨论是否可以培养道德品质，以及如果可以的话，要如何培养的问题。我相信，只有帮助个人在心理上构建新的认知地图，提高自我觉察力，使认知地图变得更加完整，他们才能培养自己的道德品质。

然而，尽管特种作战战场上的许多领导者和团队都因性格缺陷而失败过，但总体来说，他们还是控制着战局。这是因为他们是围绕着本书中描述的七种品质来塑造文化的。当一个组织的结构能够塑造个人和团队的勇气、信任、尊重、成长、卓越、韧性和一致性时，它就能解决任何一个领导者的阴影问题。组织也因此会变得有适应力，灵活可变，对波动有积极的反应，面对不确定的环境和事物时能保持自信，面对模糊问题时可以快速从失败中吸取教训。特种部队就是这样来处理充满易变性、不确定性、复杂性、模糊性的局面的。

我第一次创业时的团队建设经历堪称痛苦，但它也让我能退后一步，问清楚自己问题究竟出在了哪里。我发现问题出在我内心深处，它限制了我外在的行动。那时我就决定，对个人整体发展的研究和对情绪觉察的探索，将是我一生的工作。

当然，如果在这本书的开头讲一个故事，讲述我是一个多么厉害的海豹突击队领导者，可能会让读者有兴趣得多。然而，随着时间的推移，我了解到，在商业世界的战场上指引领导者和团队比在特种作战部队的战场上更难。我从自己普普通通的失败中学到了比在军队中更多的关于真正领导力的知识。

失败已在预料之中。我们要做好准备。

练习　　客观、坦诚的自我评估

　　花一些时间评估一下你在生活中出现的恐惧之狼，即阴影问题。拿起你的笔记本，闭上眼睛做几分钟腹式呼吸，让头脑清醒，然后以坦诚的态度回答以下问题。

　　1. 找到你自己反复出现的问题，它们影响了：

　　a. 你的身体状况和健康。

　　b. 你的家庭关系。

　　c. 你的职业关系。

　　2. 回顾引言中的列表，你认为哪个阶段的问题是你的恐惧之狼的一部分？

　　a. 第一稳定状态。

　　b. 第二稳定状态。

　　c. 第三稳定状态。

　　d. 第四稳定状态。

　　e. 无法归类，但你知道它的存在。

3. 现在，努力去做这本书里的练习。永远永远不要放弃，直到你在第五稳定状态中牢牢地稳定下来，并且超越它！

品质一

勇气

直视对风险的恐惧。

那是在1993年10月，美国正想办法让索马里的局势进入稳定状态。一支联合特种作战部队驻扎在联合国维和驻地，配有第75游骑兵团——还有一群通信员、管理员、情报官员和后勤人员。现场还有一小批其他特种部队成员，其中有海豹突击队的领导者埃里克·奥尔森。

游骑兵在城市中例行巡逻，同时搜寻武器藏匿处和坏人。一天，局势突变，这座城市四处爆发了激烈的枪战。几乎每个在摩加迪沙的索马里人都有自己的武器，包括小孩子。在那里，一个人手中的武器就像咖啡一样常见。居民们把枪像瑜伽垫一样扛在肩上。一个细节值得注意，他们中的大多数没有受过使用这些武器的训练。那里完全是法外之地。

有一次，游骑兵在巡逻时接到命令，保护直升机降落，让飞行员安全撤离。心怀不满的当地人开始向游骑兵和飞行员开枪——很快这就变成了他们所有人生死搏斗的战场。枪声吸引了更多持枪的索马里"自由战士"，他们就像飞蛾一样涌来。这种情况经常发生。

没过多久，似乎每个拿着枪的当地人都在往战场跑。

游骑兵是训练有素的战士，但这种情况在《游骑兵手册》中从未出现过，所以没有可以参考的内容。尽管射击、移动、通信和压制是他们团队天生的本领，但他们却很快就被索马里攻击者淹没，并出现了伤亡。受伤但缺乏医疗照护的人正在大量流血，飞行员们也好不到哪里去，他们的不幸遭遇后来成为电影《黑鹰坠落》的故事原型。

然而，故事背后的故事并不被世人所知。这个故事讲述了特种部队的小队精英们如何通过逼退他们的恐惧之狼来坚持自己的立场。

在联合国维和驻地的联合特种部队司令部是一支快速反应部队。这支部队来自一个盟国的军队，旨在协助应对执行任务过程中出现的危机。快速反应部队有装甲运兵车，接到电话就能随时出发。

就在这时，游骑兵打来电话。

然后……快速反应部队却停在原地。

美国人有一种牢不可破的军事理念，那就是永远不要把战场上的队友置于危险之中。即使要冒极大的风险，你也要尽你所能去支持或拯救他们。快速反应部队显然没有这种理念。他们认为当时的形势具有极大的风险——事实也的确如此。但不管怎样，他们的领导团队选择让快速反应部队安安稳稳地留在驻地里，而游骑兵则在外面为了安全而奋力战斗。

那位海豹突击队军官和其他美国部队看着事情的进展，内心十分悲痛。这些战士一直以来接受的训练都是让自己成为以身作则的榜样：在危机中，他们是挺身而出的人。驻地里还有另外三名精英特种作战人员——另一名海豹突击队员和两名三角洲部队作战人员。奥尔森的判断很简单：他们要么看着游骑兵死去，要么加入战斗，帮助他们摆脱困境。

这是个简单的选择。

好消息是索马里枪手没有受过任何训练。坏消息是，确切地说他们有数百人。对他们来说，再多四个美国人只是代表多了四个目标。但是奥尔森和他的三位战友战斗力很强，他们均经过多年的战斗训练。他们都是"吃过苦的"——他们在各种环境下练习过无数次射击。他们是战斗的王者，知道如何在面临风险时挑战极限。他们了解自己的技能、武器和战术的极限在哪里。

当你对风险达到这样一个熟悉程度时，一旦危机来袭，你就更容易找到战斗的勇气。

这并不是说这些人没有经历过恐惧。当然那也不正常。在失败风险很高的地方，恐惧将永远存在。奥尔森和他的队员们曾经接受过类似高风险情景的训练，并且能够在特殊情况下与一个撤离小分队进行有效合作。虽然他们以前没有作为一个团队共同工作过，但是他们都有共同的背景、训练、目标和理念。这种共享的经验和目的可以在第七种品质，即一致性中看到，并且，它们展示出本书中的每一种品质是如何加强其他品质的。一致性不仅激活了团队成员身体上的力量，也激活了他们道德上和精神上的力量。当采取决定性行动的时刻来临时，他们能够毫不犹豫地投入战斗。他们不知道自己是否能活下来，但他们知道自己会竭尽全力让队友们撤离。

这四个人拿了他们的战斗装备和尽可能多的手榴弹、火箭弹等弹药。在与快速反应部队的领导简短交谈后，他们驾驶着加固悍马汽车离开了驻地。

快速反应部队站在原地呆呆地看着。我敢肯定当时的场面静得能听见针掉落的声音。

这可能是我的猜测，但我觉得快速反应部队的领导们已经感到羞愧了。他们从第一稳定状态的阴影层面做出了反应。不是奥尔森想羞辱他们，而是他们自己感到了耻辱——这在他们的文化中是一件大事。在他们看到有人做了不同的选择之后，他们很快克服了内心的惰性。

行动是消除疑虑的唯一方法。

快速反应部队派出了小型特别行动小组来帮助游骑兵。

勇气经常被出于自我保护的负面的条件作用所掩盖。要逼退恐惧之狼，你和你的团队可以：

1. 形成异常高的风险容忍度。

2. 使训练尽可能地贴近现实。

3. 坚持同一个能激发勇气的立场和行为准则。

小心行事会害死你

索马里陷入了混乱。你在哪里看过这样的场面啊！委内瑞拉陷入了混乱，然后是叙利亚、伊拉克、苏丹、阿富汗。下一个将会出现这种状况的国家是哪个？哪些行业将会在一夜之间消失？

波动性带来的恐惧和不确定性让快速反应部队陷入麻痹状态。游骑兵原本正在巡逻，然后就被卷入一场大规模的交火之中。黑鹰飞行员起飞去进行一次常规出击，然后他们就在混乱的城市中心为求生而战斗。这种极端的不确定性会使任何没有接受过高风险忍耐训练的人动弹不得。

为了减轻不确定性和克服无意识中对风险的恐惧，你必须有针对性地进行训练。即使你不在高风险的环境中工作，你也可以训练自己和团队去应对环境的快速变化和生存威胁。你可以为这项训练起任何名字——危机应对、风险缓解或基于情景的培训。在后面的内容中，我将讨论自己和壳牌石油的合作。壳牌石油的领导层意识到了进行风险培训的必要性。他们从经验中得知，如果不这样做，那么公司的文化会受到负面影响。风险培训的内容就是他们在钻井平台上的标准作业程序，并且每天都会进行。

因此，壳牌石油是世界上最有韧性的公司之一。波动性和不确定性不会消失，但在遇到麻烦时，壳牌石油的员工会以可控的方式而不是以负面的方式进行回应。

特种作战部队中流行一句话："你在和平时期流汗越多，在战争中流血就越少。"

如果要应对高风险，那么你需要挤压团队舒适区的边界。我的海豹突击队导师威廉·麦克雷文告诉我，如果你注定有一次大失败，那么最好发生在训练中。当现实世界出现危机，形势急转直下之时，一种预先模拟过的环境能给你和你的团队带来信心和智慧。你不会因恐惧而吓呆，反而能够坚持自己的立场，以勇气进行回应。

当你参加这种培训时，风险会一次次逐渐增加。这种状态会让你能承担越来越多的风险。你和团队将能调节自己的压力和恐惧，从而有更开阔的视角和更强的理解力来应对你们有能力处理的事情。

在海豹突击队里，为了能够承担一项危险的任务，我们会使用"爬—走—跑"的方式来逐渐提高风险承受能力。例如，当我们学习跳伞时，我们会从一张一米高的木头桌子开始。我们会在地面练习降落伞落地的动作，从桌子上一遍又一遍地跳下去。在我们掌握了这个部分之后，就到一个10米高的小塔练习，然后到一个60米高的塔练习，有点像用降落伞玩高空滑索。在我们多次练习并熟悉了这种风险后，就开始自由落体训练。在那里，我们学会了如何保持对环境的感知，如何平衡我们的身体，如何在合适的高度将开伞索拉开，以及如何处理故障。我们在整个阶段重复着"爬—走—跑"。在经过所有的训练之后，我们才开始从一架完好的飞机上跳下，进行第一次高风险自由降落跳伞。最终，团队能够在晚上带着氧气罐和全套装备自由跳伞到敌人的领地。

一次提高一级风险承受能力的做法，就像把一只青蛙放在一壶温水里，然后在锅下加热。这个巧妙的策略极大地提高了队员们在不稳定和不确定情况下的技能水平。它通过勇敢的行动培养了团队应对高风险情况的能力。换句话说，它使那些在别人看来是勇敢，但现在却是团队标准操作的行为和行动变成习惯。

要想变得勇敢，你必须做勇敢的事情。

变得真实

古希腊哲学家亚里士多德认为，勇气是领导者要发展的核心美德。在他的著作《尼各马可伦理学》中，他解释说勇气是存在于恐惧和冒失两个极限之间的一条中间道路。过于恐惧会导致怯懦，而过于胆大则会让人鲁莽。

其中的艺术在于通过尝试和犯错找到中间地带，在尽可能接近实际任务条件的环境中寻找这个中间地带。这要求你训练的环境要尽量真实。我们并不仅仅是为了培养风险承受能力而增加训练时的风险，同时也是为了尽可能进行实战训练，模拟导致失败的条件。

用这种方法，你会通过实践找到故作勇敢和怯懦之间的界限。在一个真实的环境中，你可以让勇敢的思维和行为变成习惯。你会在实践中逼退恐惧之狼，因为你的团队期望你成长。团队成员会看着你并帮助你！他们需要你变得勇敢，并且在支持着你。

亚里士多德说："勇敢的人能够基于正确的理由、运用合适的方法，在恰当的时间，去承受和害怕那些需要承受和害怕的事情，在需要无畏的情况下亦是如此。"

因此，出于正确的理由，个人可以变得害怕和无畏：他们不会允许恐惧麻痹自己。在恰当的时间，出于正确的理由，他们会勇敢地行动。

当勇敢的理由是正确的时，真实风险训练能帮助培养勇气。你要仔细观察你个人、团队以及系统故障点和系统故障区域，它们可能会影响任务的执行。让我们称它们为关键节点。在你的高风险培训中，你要制订多个备选计划、建立快速反应机制，以免这些节点受到负面影响。这能避免连锁故障——一个故障导致另一个故障，直到整个系统都受损。

在跳伞的例子中，有几个关键节点。显然，与地面的接触是一个重要节点。在最后一刻，如果你没有正确弯曲你的膝盖，或者你在摔倒的时候做了一个错误的保护动作，那么你就会骨折甚至发生更糟的情况，更别提执行任务了。然而，这还不是最关键的节点，降落伞展开的时刻更为重要。最坏的情况是，那薄薄的伞盖永远也打不开，或者降落伞只是部分展开。在那一刻该做什么呢？那就是坚持不懈地尝试打开并做好备选计划。

每个关键节点都需要一个应急计划或行动。如果你的团队——不管是哪个行业的团队——正进入不稳定的状态，那么可以通过制订计划来减少团队运转出问题时产生的不确定性和队员们退缩不前的情况。这样做下去，获得确定性，并通过逐渐增加风险来让勇敢成为习惯。总而言之，和平时期要多流汗。

奥尔森后来成为四星上将和特种作战司令部的指挥官。他说："最能体现你所持标准的是，你的所作所为和你在众人面前所容忍的事物。"

"你的所作所为"是指你自己在示范着标准——以身作则。如果奥尔森命令其他军人出战，自己却不同行，那么这些军人依旧会出发，但热情会减少。"大家去吧，你们带头冲锋，我敢肯定快速反应部队会跟上。我会在这里守住堡垒。"在高风险的情况下，这样说毫无用处。特种部队领导者知道他们必须以身作则，通过与部队共同训练和共同面对风险来领导他们。

为了激发自己领导的部队和快速反应部队的勇气，奥尔森知道他需要再次做出勇敢行动。

　　"你在众人面前所容忍的事物"这一点很重要。奥尔森无权命令快速反应部队出战：他们是战略伙伴，不是他的下属。但是他的经验告诉他，人们可以被他人的行动激励。他以小团队作为示范，为他们树立了新的标准。如果没有以身作则，亲入战场，那么他也会理解快速反应部队的缺席。

　　因为我们已经背离了西方文化中最普遍的标准，那就是每个人都支持感觉正确的东西，而不是去支持最好的东西。而感觉正确的东西受一个人内心的认识高度和阴影所影响，往往带有偏见。每个人都会对他人的偏见做出反应，却不会看到或承认自己的偏见。

　　关于勇敢的行动，你可以看到问题在于公认的标准不能延续下来。总是做你想做的事情或者做那些在某一刻感觉良好的事情，这并不是勇敢。它更可能是一种基于恐惧的条件作用。直到我们审视那些导致我们思想保守的深度固化的行为，我们才会有真正的勇气。

　　缺乏勇气的可能不是你这个领导者。我相信，你们中的许多人在阅读本书时，会把自己放在一个极高的标准上。但你的团队可能会因此陷入恐惧。你知道下次危机来临时他们会和你共同面对吗？你所在组织中的守法文化会限制人们做出冒险的行动吗？你能演示出下一步行动，向团队展示你的标准，并确信他们会遵守吗？或者你最终会像我在第一次创业时那样屈服于团队新的低标准吗？

这些问题很难，对吧？问题在于，人们不想感到不舒服，不想破坏现状，因为它还"过得去"。也许你还要担心性别、年龄和种族的问题。让团队去达到新的标准，可能会被批评为偏见或歧视。

这就降低了整体的优秀标准，使得勇敢行为成为一种挑战。在海豹突击队中，因为他们要面对的风险如此之高，所以这一问题尽管没有完全根除，却被弱化了，不是很突出。语言和行动的交流必须极其清晰和诚实。清晰和诚实是精英团队的标志，勇气则通过团队行动中所表明的立场来展现。

我相信当每个人逼退恐惧之狼时，他们身上都具备潜力去勇敢行动，不论年龄、种族、性别——每个人都可以通过真实的训练来让自己足以承担令人难以置信的风险。

建立一种勇气文化并不容易，但却是值得的。

勇气来自内心，所以说勇气之狼住在人心里是有道理的。至此我们明白，你的行动源于你对真实自我以及自己行为背后原因的深刻认识——因为你已经克服了消极的条件作用。

我们正处于一个心灵的时代。这是奥尔森在战场上展示出的内容。在领导的过程中，你必须把你的心和思想融入你的行动。只有这样，你才能在危机中表明立场，并且知道你的团队会和你一起行动。

表明立场

当你遵从内心进行领导时，你就会明白为什么一些事情需要在情感层面上完成。情感是我们选择做那些困难事情的原因。思考先于行动，但往往会阻碍正确的行动。一旦完成思考，你那摒弃了阴影的心灵和情感，将指引你前进的方向。形成一个立场需要你首先考虑你的决定对各方和环境会造成什么样的后果。这些后果可能包括潜在的个人风险或职业风险，有时是重大失败。你明白这些后果不仅会对你这个领导者产生影响，也会对团队和整个组织产生影响。因此，明晰自己的立场并从内心出发去行动会有风险。

奥尔森和他的团队不仅清楚他们的立场，也知道自己需要做什么。他们能够把他们的视野跟任务及眼前的情况即游骑兵已经被牵制住联系起来。然而这不仅仅与眼前的任务有关。

为了表明立场，你必须同时遵从头脑和内心做出决定。只有这样，你才能勇敢地去行动，而不是莽撞行事或者怯场。你必须对自己需要做什么有一个清晰的规划，对自己为什么需要这样做有一个明确的立场，并且清楚为什么你是需要做这件事的人。此外，你必须意识到后果，并愿意接受它们，因为任务对你来说非常重要。

游骑兵是他们处在绝境中的队友。如果奥尔森没有展现出他的行事原则，那么不仅会有更多的人丧生，而且整个索马里任务的结果可能会更为惨烈。但是他和他的团队绝对清楚他们要什么样的结果，甚至如果必要，他们会单打独斗。

失败的形成

我第一次创业时的失败经历也不是没有好处。它迫使我认清楚自己，并再次鼓起勇气。我不得不冒着很大风险坚持自己的立场。

在我与妻子的家人的关系演变成第一稳定状态中的食物争夺战之后，我后退了一步，并对我离开海豹突击队之后想做的事情有了更清晰的认识。前面提过，我引入了一个投资人来帮助我发展业务。我和他讨论了他愿意提供资助的各种可能性。他已经向我的公司投入了20万美元，并且还准备投入更多，这证明了他对我的信任。然后我向他透露，当他第一次投资时，我已经默许了我的合伙人的要求，不允许投资人成为公司的房地产合伙人。

这出乎他的意料。当他得知自己的投资没有安全保障时，他感到很不愉快，于是他不再对我的公司进行新的投资。

当我的队友们实施他们的计划，通过代理权之争来控制生意时，情况变得更加充满易变性、不确定性、复杂性、模糊性。我被迫要表明立场。

我之前已经用我的个人名誉向这个投资人、其他朋友以及支持我的家人做了担保。我要用我所有的精力去让他们的投资获得回报，这是我欠他们的。在我看来，新的投资为扩建提供了最好的机会。但是为了继续前进，我必须纠正我们在房地产合伙方面所犯的错误。有了这样的清晰认识，我放下了对于争执的恐惧，而是按照我的道德指引来行事。我在道德领域的斗争中取得了胜利，却付出了巨大的个人代价。

想要明确你所持的立场及在别人面前你所能容忍的事，一个最好的办法就是仔细观察你和你的队友被逼到极限时的做法。当你意识到你们已经越过了一条隐藏的红线时，你需要抗住压力并展现自己那正直的一面。

仅仅知道自己必须表明立场还不够，你还必须勇敢地去行动。就我而言，我的行动就是组织了一次收购，保证我自己和大多数投资人能获得少量收益——只是我的合伙人没有把新投资人包含在大多数投资人之内，原因他们不愿透露。我觉得这是不能退让的条件，但那个新投资人说服我接受了这个交易，并且让我不要为他担心。他很高兴我尽了全力去保护他的利益。

我把我的股份贱卖给了我妻子的哥哥，然后去了很远很远的地方。这个公司现在价值数千万美元。但是，我当时不得不表明立场，并且我明白，表明自己立场的勇气和不留遗憾要比金钱更宝贵。虽然我的名誉因为合伙人的诋毁而暂时被玷污，但我那正直的品质仍然完好无损。我充满了力量，因为我学会了用心去感受，从而找到勇气来面对商业世界中的新风险。这次巨大的失败让我认识到，建立一支杰出的商业团队要比我在海豹突击队所经历的更具挑战性。

大胆地去做无人做过的事

2019年5月，我应邀在美国太空探索技术公司面向飞船发射团队发表演讲，该公司由才华横溢、与众不同的太空探索企业家埃隆·马斯克创建。

当我想到美国太空探索技术公司时，脑海中立刻浮现的是"勇气"两个字。从大多数方面来看，马斯克和他的团队都是精英运营者。他们充满勇气，知道如何应对充满易变性、不确定性、复杂性、模糊性的局面，并已经培养出令人难以置信的风险承受能力。他们贴近现实地、不懈地训练自己，并坦然接受成功道路上的巨大失败。

美国太空探索技术公司会测试他们在开发阶段里所构建的一切。然而，在早期，他们发射火箭的失败率在50%左右。那时候，可能他们每发射一枚火箭，最后的结果都是爆炸或坠毁，然而他们还是会称之为一次成功的发射。

一般来说，如果较大的公司遭受如此严重的打击，那么他们就会缩减开支，从头再来。美国太空探索技术公司可不是这样。他们一开始就准备好了失败。

他们知道自己必须学会用不同的，甚至更好的方式运作，这样才有希望达成他们的目标。他们面临的挑战极其复杂，但这恰恰激发了他们的热情和动力。他们必须承担高得令人难以置信的风险，坚持不懈地训练，通过测试来提高自己的能力，并且越来越快地纠错，直到成功为止。接着，他们就会转移到下一个目标。他们已经掌握了应对易变性、不确定性、复杂性、模糊性局面的军事工具，即"观察、定位、决定、行动"循环。

"观察、定位、决定、行动"循环是精英团队在复杂环境中找到出路的一个办法。我已经在我的书《海豹突击队成功之道》中详细描述了这个概念。美国太空探索技术公司使用这个方法时，首先是做测试，观察和测量所有系统里发生的情况。然后根据数据所揭示的新情况来定位。接下来，做出一系列新的决定。最后，勇敢地做出行动。他们不需要完美的计划，也不需要等到具备完美的条件再执行。然后，他们会一次又一次地重复这个过程。如果系统发生故障或任务失败，那么他们就会进行观察，针对出错的地方的新数据做出新决策，然后再次采取行动。他们就这样循环往复。"观察、定位、决定、行动"循环使得他们可以不断加快过程的改进速度和提升执行技能。学习的速度加快，而失败的概率降低，这是一个制胜组合。

这是否代表他们掌控了所有的风险？绝对不是。

"观察、定位、决定、行动"循环让他们可以在更高的风险下工作，而且他们知道自己几乎无法掌控风险，只能在风险出现时做出反应。直到2019年5月，他们一直在向太空发射无人火箭，但现在他们打算进行首次太空载人飞行。运送人类进入太空的风险，比发射无人火箭的风险更大，这让许多工程师和科学家非常紧张。他们的恐惧之狼在嚎叫。但我知道他们已经训练过自己对风险的承受能力，并且有勇气将人类送入太空。

他们已经表明立场，并培养出了永不言败的精神。

许多人都误解了"永不言败"这几个字。对我来说，它的意思是我们在寻找通往成功的道路时也会拥抱失败，但无论遭受多少次失败，都要顽强地抗争。这句话的意思并不是指你不能容忍失败。这也是美国太空探索技术公司团队的看法。但这并不意味着在他们那里不存在可能会影响领导者决策的负面的条件作用。这就是他们要坚持个人发展和团队发展的原因，也是他们邀请我来对团队发表演讲的原因。

有一条关于野外消防队员里的精英空降森林灭火员的准则，适用于这支火箭团队："今日为人所不为，明日能人所不能。"

到我写本书为止，没有任何政府或私人公司能把载人宇宙飞船送到另一个行星，更不用说移民外星球。然而，这正是美国太空探索技术公司的目标——从火星开始，使人类成为一个能够进行太空旅行的、跨行星的物种。马斯克说他想死在火星上，但不是在降落时摔死。等到这本书出版的时候，他们的团队应该已经在进行他们的第一次太空载人飞行——开弓没有回头箭。他们全身心地投入行动中，因为他们将立场和愿景设定为改变人类的进程。

我提到自己之所以接受邀请，去面对他们的发射团队发表演讲，是因为他们感到恐惧，也愿意承认自己的恐惧。他们是人，而不是程式化的机器人。他们想让我传授之前教给精英团队的心理韧性和情绪应对技巧。比起工程师，宇航员能更勇敢地对待任务。宇航员就像海豹突击队员：他们从20岁出头就开始训练。这是他们的下一个大冒险，他们明白其中的利害关系，以及失败的后果。我会从这样的角度去看：宇航员在职业生涯中逐渐增强了他们对风险的承受能力。

然而，进行技术研发的工程师和将火箭送入太空的发射团队，都没有受过这样的训练。这是一个决定性的时刻，失败会给别人的生活和名誉带来可怕的后果。虽然这部分团队成员所承担的风险并不关乎性命，但他们的感受却几乎和宇航员一样强烈。作为一个团队，他们要如何处理这个问题？

我们谈了如何学会控制他们所能够控制的东西，以及如何训练他们的心态和情绪掌控力，以便他们能像特战队员那样管理这种新的压力。我很荣幸能有机会与这个处于第五稳定状态的团队合作。

勇气是第一种品质。唯一能在瞬间摧毁勇气的是信任的崩塌。

在下一章，我们将讨论第二种品质：信任。

你支持什么?

进行与第一次练习时相同的准备,让自己的头脑保持清晰,并敞开心扉。现在思考并回答以下问题:

1. 我所重视的什么事物能让我避免承担风险和失败的后果?比如我的声誉、工作、处于掌控状态的样子、人身安全等。

2. 我是否会为承担风险而进行所有相关训练?

3. 我是否会贴近现实地、坚持不懈地、持续地为应对风险而进行训练?

4. 我所支持的事物是否也是其他人所支持的,或者说我所倡导的卓越、个人风险和勇气是否处在一个非凡水平?

5. 清楚地表达你的立场,陈述要点不超过这五条。立场观点如:我支持自由,不想让任何人掉队,力争做一个勇敢的领导者,在为我的团队服务时保持自律。

品质二

信任

用信任逼退恐惧之狼。

当我在海豹三队时，我的指挥官是中校威廉·麦克雷文。他加入三队时已经从美国海军研究生院获得硕士学位。之前他曾经在海豹六队服役。

当他来到三队时，我重新拿起了自己那本《特种作战理论》。这本专著的作者正是麦克雷文，他基于自己读硕士期间的研究写出了这本专著。它在很短时间内便成为海豹突击队领导者的必读作品。麦克雷文研究了从第二次世界大战到现代的特种部队的许多特别行动任务，并提炼出一个理论，即所有成功的行动都有一些共同点，那就是极度重视计划的简明性、行动的安全性、目的的明确性，反复准备、突然袭击、快速行动。这些都值得一切精英团队的领导者去思考。麦克雷文一直以高智慧著称。许多人认为他是海豹突击队里最富有智慧的领导者之一。他的职业生涯正处在恢复期，因为之前他对自己以前队伍的团队文化进行了质疑，认为它并不专业，甚至让人变得鲁莽。那支队伍的指挥官是个好勇斗狠的人，就算只叼着一把小刀，他也敢杀入敌军主场。麦克雷文在建设团队文化这方面很有能力，也擅长设计构思并推广新的作战理念。那位指挥官很有可能认为麦克雷文更像海豹突击队的经理，而不是一个领导者。在我看来，这是个错误。但无论如何，麦克雷文还是因为与那种文化格格不入而被开除。尽管他的职业生涯看起来不太光鲜，但他没有因此丧失斗志，而是写了一本讲述在特种作战任务中夺取胜利的方法的书。

我很幸运近距离观察了他在海豹三队以及后来在海军特战第一大队的指挥。第一次见到麦克雷文的时候，我刚刚成为另一个排的领导者。在我告诉你更多关于他如何在团队中初建和重建信任之前，让我重新审视我的恐惧之狼，看看它是如何让我在麦克雷文面前犯错的。

我总是极度专注于任务本身，我倾向于努力地学习和训练。但是，在我完成几个月的训练或派遣任务后，我也会和我的队友们一起狂欢来释放压力。这样做是在冒险，因为这种做法对于一名军官来说是不被赞同的，尽管到目前为止没有人明确说不可以。在我和其他海豹三队成员第二次派遣期间，我们完成了一些令人紧张的任务，随后去了外国港口，在那里吃喝玩乐。在为期六个月的派遣期结束时，我觉得自己被巨大的任务压力和疯狂的派对玩乐组合拳打得不堪一击。在我忙得焦头烂额、身心俱疲之际，我感觉到一件坏事即将发生。

那时候我心中的恐惧之狼，表现为通过一醉方休来庆祝各种事情的欲望，我觉得自己很值得这样去醉。我依靠酒精来感觉自己还活着，以此躲避我对自己产生的不完整感。当然，那时我还意识不到这些。我在躲避什么呢？尽管我知道自己已经喝得够多，不需要更多的酒精，但我还是忽略了那个声音，继续喝酒。这种模式根植于无意识，是一种与不健康饮酒有关的阴影，在我父母双方家族中代代延续。

果不其然，在派遣结束大约一个月后，也就是麦克雷文在海豹三队任职的几个月后，该来的还是来了。在一次训练任务结束后，我和队友们出去消遣。但是我们玩得过火了，和一个当地人发生了一点小摩擦。在选择有限又不是非常了解我的情况下，麦克雷文开除了我。虽然他没有把我从海豹三队除名了，但他把我从我的排里除名，然后把我安排在运营部。这对我的自尊心是一个巨大的打击。一天之内，我从排名第一的上尉变成了被解雇的上尉。尽管许多指挥官支持我，他们告诉总指挥官麦克雷文，说他反应过度了，并游说他恢复我的职务，但麦克雷文不为所动。我只得悲伤地看着哈特上尉（哈特不是他的真名）接管了我的排。

我和我的队友很亲近，我感觉到这次我真的让他们失望了。我考虑过离开这里，但我的合同还有一年到期。所以我沉下心来，回去继续工作。我的排很勉强地接受了他们的新领导。他是个好人，结果也证明他的管理很有效，但他的领导风格和我的大不相同。我的失误让我非常后悔，但也迫使我去正视自身的恐惧之狼，这为我提供了一个重要的成长机会。在九个月之内，我就从第三稳定状态的成功者模式转到了第四稳定状态的均衡者模式。我停止了玩乐，结了婚，开始接受治疗，并再次下决心践行冥想之道。我开始向内寻求衡量成功的标准。我因失败而变得谦卑，我的领导风格变得更加真实。

让我回到故事的第一部分。

几个月过去了，我在运营部辛勤工作，协助团队后勤工作和策划工作。我之前所在的A排正准备在莫罗湾海岸进行派遣前测试。这将是对他们海外派遣前的预备作战考试。这次行动的目的是证明这个排已经为战斗做好了准备，麦克雷文需要密切关注并亲自确认他们已经准备好了。但他不会干涉手下指挥官的训练或者他们对这个排的领导，所以当整个排出海行动时，他选择留在岸上。

这支队伍乘坐一艘渔船抵达莫罗湾，以便融入当地人之中。他们的计划就是用橡皮艇装载部队穿过海滩。两名游泳侦察兵将会侦察碎波带和船只的海滩登陆点。然后他们会带领船只穿过海浪，横跨海滩。他们所要执行的任务就是从那里进行突袭，摧毁一个导弹发射设施。

海豹突击队员喜欢说："轻松之日，唯有昨天。"这句话又一次得到证明。

莫罗湾以它那在冬天变幻莫测、汹涌澎湃的海浪而闻名。沿着海岸线的波浪可能还不那么汹涌，但是它们会在海湾的入口处汇聚成高达十五米的巨浪。在莫罗湾附近有一个海岸警卫队站点，那里是他们进行高强度橡皮艇操作训练的地方。在行动的那天晚上，海神在莫罗湾掀起惊涛骇浪。这里绝对不适合载着突击队员的小船靠岸，但是，海豹突击队就是要在这种环境下创造可能。

这支队伍在午夜时分启动了船只。这时候，莫罗湾的海浪凶猛至极。上尉派他的两个游泳侦察兵——绰号"约翰尼·犹他"和"都柏林"——进入波涛汹涌、潮湿的黑暗中。

这些人不但特别擅长游泳，而且是骁勇非凡的战士。他们游到海浪的外缘，判断是否适合让船只通过。如果情况适合，那么他们下一步会为整支作战队寻找一个登陆点。然后，他们会在海滩上发出信号，让船只过来。

他们最终没能成功穿过海浪区。

现实与预计的相反，当时的情况让他们大吃一惊。这些海浪强到足以掀翻他们的船，甚至让他们直接断送生命。他们回到正在等候的队伍里，报告上尉实际情况不允许作战。队长哈特上尉特别擅长游泳和冲浪，尽管他非常想进入目标区域，但是他必须相信队友的判断。如果是在真实作战中，那么他可能会独自做出决定。而在这次训练中，他决定返回支援船，与海豹三队的二把手，也就是执行军官进行讨论。在他和执行军官讨论后，他们同意取消行动并返回前线作战基地。他们打算等着看第二天情况是否好转。

上尉的恐惧之狼中的一点是他想取悦他人。他真的很尊敬麦克雷文，所以他不想让麦克雷文失望。上尉觉得这个中止任务的决定做错了。其实这并不是一个错误的决定，而且他得到了执行军官的支持。但他仍然怀疑自己是否临阵退缩了。他觉得自己失败了，后来还质疑在船不登陆的前提下，是否存在另一种方式可以完成任务。他和其他人全身心地专注于他们最初的计划，于是没去讨论能够完成任务的其他行动方案。上尉也许被自己关于计划的偏见蒙蔽了。

恐惧之狼总是潜伏在风险周围，等待机会阻止人们做出勇敢的行动。

第二天，麦克雷文确实针对这个决定以及他们对替代计划的欠考虑进行了问询。他让上尉觉得自己本可以在认输之前把问题尽可能处理得更好。毕竟海豹突击队要能够在最恶劣的海洋环境中战斗。海豹三队还需要去了解他们的特战队员、船只和掌舵手在这些海域的极限。

不管怎么看，第二天的海浪还是一样凶猛。当麦克雷文要求队伍再次尝试出任务的时候，渔船的船长拒绝出发。这个命运多舛的任务就这样结束了。整支队伍便收拾行李回家了。鉴于本场考试策划质量上乘，整支队伍学到的经验十分宝贵，考试结果仍然被认定为"及格"。A排不久后即被派遣到海外执行任务。

几个月后，当莫罗湾的海浪又开始咆哮的时候，E排正在准备他们的预备作战考试。这件事无意中为麦克雷文提供了机会，让他可以重来一遍，因为之前的莫罗湾体验令人失望。他和E排交流了一下，了解了他们的计划并观察训练。他看到有一支海军特种作战队特种艇分队在那里支援E排。当时那个特种艇分队是由一位海豹突击队军官领导的，他是我之前所在的A排的队友。那个硬核学员也想在汹涌的海浪条件下测试他的船和船员的极限。这一次，他们会用坚固的硬壳充气艇冲破海浪。

信任的要素

通过这一系列的事件，麦克雷文展示了我要提出的信任的三个要素：透明性、谦逊和跟进落实。我们先把故事讲完，再详细地讲这三个要素。

硬壳充气艇是九米长的高速船，有坚硬的外壳和橡胶充气浮管。它有大型发动机和外部喷水推进器，可以同时装载一队12名全副武装的特战队员和4名船员。麦克雷文正在观察海豹突击队演习，这时他注意到两艘硬壳充气艇在海湾里游荡。他乘坐一艘橡皮艇去看他们，想知道他们是否会出海。碰巧那天的海浪与哈特的团队撤退时大致相同。年轻的海豹突击队军官和船上的船员告诉麦克雷文，他们有信心能挺过海浪。麦克雷文不相信，所以他又问了一遍，军官说他们在阿拉斯加接受过这方面的训练，他的船员是他们中最优秀的。所有人都达成一致，他们决定进行这次行动。

"给我拿件救生衣，我要跟你们一起去。"麦克雷文说。

过了一会儿，他已经在船上准备就绪，接着船转向了海浪。要成功穿越这么大的海浪，完全取决于时机。掌舵手需要等待一波浪通过，然后在下一波浪到来之前有一段短暂的平静。一波浪中有三片浪，三片浪之后，麦克雷文已经做好了加速准备。但是船没有动，掌舵手稍微多等了一会儿。然后，掌舵手加大了油门，伴随着的是船的发动机的轰鸣声。小船一路抬头猛冲，其他人甚至能看到船底的推进器。它到达了浪峰并悬浮了几秒钟，然后坠入第一片浪和第二片浪之间的波谷中，前排的特战队员被抛入大海，船也因此在航线上失控。在有人高喊"有人落水！"的时候，掌舵手加大油门朝着第二片浪冲过去。然而，他们别无选择，同样的场景再次上演。他们在空中飞行了整整五秒钟——这恍若一生的五秒啊——之后小船从半空中狠狠地砸了下来，船体摔破了。然而第三片浪并没有因此而停止——它把船举起，将其翻了过来。

　　小船就这样带着所有人翻滚着，最后以底朝天的姿势落了下来，而凶猛的海浪对这些倒霉的船员仍然不依不饶。麦克雷文和另一名军官差点淹死，其他四人因为骨折和划伤去了医院。这是一场可怕的灾难——但最糟的事情还远未来临。

一场训练演习变成了救援行动，所有身体健康的特战队员都参与了救援。海豹突击队迅速派出一艘橡皮艇去救麦克雷文指挥官，而第二艘硬壳充气艇则救回了其他人。很快，他们回到了海滩，庆幸每个人都还活着。在特种部队的世界里，船毁人亡是家常便饭，所以每个人都庆幸不已。

回到海豹三队，正式调查开始了。不止我一个人在想，这位特种艇队队长和我的新指挥官会不会因此而遭受职业生涯的重大打击。

结果正相反。

麦克雷文是在现场的高级军官，在他的指挥系统中，那些在他之上的人不可能对他允许船只通过海浪的决定提出疑问——更不用说他冒着生命危险和他们一起去实践这个决定了。麦克雷文需要保持绝对透明，并在这种情况下尽到自己的职责。他需要承担后果，仅仅因为他之前去过那里，这是他做领导的职责所在。

调查最终证明了他的清白，并且还对麦克雷文有利，因为他没有逃避风险。海豹突击队员需要不断努力去发掘他们的能力，探索他们的权限。逃避风险会导致更多的人死亡或者在战斗中妨碍任务的完成。而损失一艘价值50万美元的船是一个很小的代价。

我很快就明白了麦克雷文如何从他所做的每件事中吸取教训。他不希望指挥部因为类似的意外事件而进行事后批评或产生规避风险的想法。

在他的指导下，团队将完善他们的风险缓解和高风险操作培训。那次事件启发了他对海豹突击队如何在敌人领海上穿过恶劣的海浪环境的思考，这反过来又引发了诸如使用隐形水上摩托等的创新。

最重要的是，该事件促成了几年后特种作战小艇训练的出现。在海豹三队事件发生时，海豹突击队还没有为他们的小型船只操作员提供专门的选拔培训。那时的做法是海豹突击队员驾驶他们自己的橡皮艇，而特种艇部队会提供硬壳充气艇或沿海巡逻艇方面的掌舵手。一个新的训练分队——河流特种部队成立了。那些通过训练的人都善于操控船只——他们十分熟悉海洋情况，能在充满高风险的敌方领海驾驶船只，从而将海豹突击队员运送到他们的沿海目的地。

面对调查，麦克雷文展现出极度的诚实和真实。他没有责怪船上的负责官员，也没有试图逃避他作为一名高级军官所要负的责任，而是努力把自己分内的事情做好。他没有说："好吧，我只是想看看工作人员会怎么工作，我没有干涉他们的训练任务。"许多领导者在这种情况下会让恐惧之狼替他们打掩护。但是麦克雷文没有，他是牢牢掌控着恐惧之狼的主人。

认清事实和接受结果对建立信任至关重要，尤其是在你犯错的时候。相反，拒绝承担责任以及掩盖事实是破坏信任的最快方式。

接下来是跟进落实。

麦克雷文后来跟进了大家的情况，确保每个人都能尽快恢复并回归到可参与行动的状态。此外，他还检查是否所有队员的需求都得到了满足。然后他让团队验证，他们可以如何去改进这类行动的风险管理。在我所见之处，无论他说他要做什么，他都做到了。他在跟进落实方面非常执着。

你最不希望见到的就是一个高绩效团队在一次失败后

失去动力。但这种反应在企业界很普遍。与此同时，你也不希望团队在没有了解情况之前就向前推进。对海豹突击队来说，他们执行任务的节奏是很快的，任何其他行业也是如此。如果缺乏必要的学习，那么这次的事件很容易就会被抛在脑后。

麦克雷文的确找到了可以停下来去学习的时间。他以亚里士多德所说的方式，在懦弱和鲁莽之间精准地平衡了团队。他鼓励团队忍耐，并从风险中学习，即使事情没有按计划进行也不去逃避风险。他赢得了团队成员极大的信任。在海豹三队和其他地方，他继续支持高风险训练的发展，亲自参与，并从错误中吸取教训。莫罗湾事件没有降低他对风险的兴趣，这对团队来说非常重要。

由可接受的风险导致的失败，不能被视为个人的失败，也不能因此降低团队的标准。

太多的领导者害怕展现个人的失败，他们躲在沉默或不作为的舒适圈里面。要逼退你的恐惧之狼，就要及时承认你的错误。除非你有跟进落实的决心，否则不要说你要去做某事。如果由于某种原因你不能完成那件事，那么你最好有一个特别好的理由，并且能够清楚地进行解释。信守诺言，坚持透明性的标准。

谦逊

就像莫罗湾事件一样，谦逊是通过冒险、受挫和学习培养起来的。培养这种谦逊的最好办法是训练，而不是被动等待来自现实世界的打击。我建议你允许你的团队犯错，并通过冒那些格外大的风险来培养他们谦逊的品质。当你不再假装自己比别人更完美、更优秀、更聪明或更有能力时，你就会变得谦逊。不要害怕失败，因为这是你成长的最佳机会。在海豹突击队，就像可能死于战斗一样，人也可能会死于危险的训练行动。这是必要的风险。你的风险可能更低，但关键是，通过在训练中犯错误，你减少了在现实生活中犯错误的机会，从而可以产生更好的结果。

这个事件只是麦克雷文从风险中学习的众多例子之一。他用这些风险学习机会来检验自己的决策模式，最终成长为一个更真实的领导者。

他并没有假装自己比别人更加完美、聪明，或者更有能力。在团队的眼里，冒着失败的风险并在失败发生时保持谦逊，让他变得更有人情味。这就是真实——为人坦诚并能够与普通队友心意相通——而真实可以孕育信任。团队意识到，除了他本人之外，这位领导者不希望其他人去冒险。此外，为了他们的学习和成长，为了不对他们的职业生涯产生负面影响，他没有回避风险。

请注意，我没有用"脆弱"这个词来形容奥尔森或麦克雷文。天才作家布琳·布朗使"脆弱"这个概念变得流行起来。它已经成为企业培训中的一个时髦词。但是告诉海豹突击队员或任何军事行动者要脆弱，就如同建议他们向敌人暴露自己的后背。对我来说更有意义的是，领导者要真实，对犯错误持开放态度，愿意采纳他人的想法和观点，勇于直面自己的内心，并在心灵层面与他们的队友进行交流。

这里的内容可能有点咬文嚼字，但在我看来，脆弱意味着容易受到攻击，当其他人感觉到这一点时，信任就会流失。今天的战士和领导者需要敞开心扉来做出更好的决定，同时关闭心灵上那些容易被击攻的缺口。但这并不意味着脱去情感的外衣，而是意味着他们的弱点不会再被人利用。

例如我在前面提到过，我的一个习惯性弱点是依赖，这是我的家庭在我的成长过程中给我造就的。这让我很容易被自恋者和边缘型人格者利用，不知道出于什么原因，他们远远地就能感觉到我这个弱点。所以我努力地去关闭那个缺口，这让我对自己更加了解，也让我能直面自己的许多缺点。同样，麦克雷文在他的手下面前表现得并不脆弱，反而是真实。对于你的直属团队、你直接与之共事的人，你必须敞开心扉，获得更深层次的理解和联系。

所有这一切都需要有勇气才能做到，而结果是，勇气能培养出极大的信任。

透明性

当我们谈论透明性时，重点是不要太自负。你不能在团队面前假装自己知道所有问题的答案。你要愿意去当场承认错误，向团队透露自己的不足，因为无论如何他们都会看到——他们永远都在观察。如果你试图隐藏自己的缺点或假装自己完美无缺，那么你就失去了可信度。正式的汇报过程对养成直面过错的习惯非常有用。

通常，当领导者搞砸了，他们往往会失去勇气。他们会认为自己就是错误本身，结果让整个团队都失望。不要认为自己是个错误，要迅速从妨碍达成结果的错误中走出来，承认你不完美，你也会犯错。当你这样做的时候，你就能继续前进。许多我所放弃的期望、成果和被忽略的错误，都在我的记忆中留下了痛苦的印记，但至少它们不再影响我了。这包括我在海豹三队的失误。真正的领导者勇于承认自己的错误，并能放下遗憾。

跟进落实

精英领导和精英团队会坚持不懈地跟进落实。

一个典型的领导者的一天由数百个小的、看似无足轻重的决定，以及一些重大的决定组成。人们很容易认为那些小事不重要。我们会下意识地觉得，自己只要处理好了大事就搞定了一切。通常情况下，我们觉得自己不应该在小事上花太多精力。我们经常答应太多，然后为这些承诺而后悔，接着就选择暂时放弃其中一些承诺，甚至最终彻底放弃承诺。如果你在小承诺上不及时兑现，那么就会不断蚕食他人对你的信任。

虽然可能有一个重要的任务或项目需要你集中精力去完成，但是如果你没能完成自己承诺做好的各种小事，那么这些小事最终会一起搞砸别人对你的信任。问题的关键就在细节，即那些看似不重要的决定和任务。重大的胜利来自小胜利的不断累加，以及你持续的跟进；而最大的失败来自忘记、忽视或者仅仅是没有进行跟进，根源在于你常常太忙或者没有耐心，从而没能对这些事进行全力跟进。

你必须增强这种全力投入的能力，然后在你承诺过的事情上不懈努力，将它进行到底。

练习谦逊

如前所述，你可以通过不怕犯错的态度来练习谦逊。不断尝试一些你知道会很难的新东西，或者做一些你很了解的事情，并且逼自己比上次更努力。只要把困难程度增加一级就足够，让它促使你在踏入新的领域时，总是保持谦逊。谦逊意味着承担失败的风险，并在失败时保持镇定，不把错误放在心上。从这个角度来说，谦逊和透明性如同近亲，因为两者都有助于培养真实性。

顺便说一句，向团队敞开心扉对男人来说很难做到，这不是什么新鲜事。做不到这一点其实让男人变得脆弱，因为无法和他人建立联系本身就是一个弱点。请记住，要成为真实的人，你必须关闭与你的弱点有关的那个"端口"。为了做到这一点，你可以训练自己，并在内心与队友建立更深层次的联系，以此来促使相互间更加信任和理解。

谦逊是一个人每天的必修课。这方面你可以具体做到的是把荣誉归于他人，甚至是把本属于你自己的成功归于他人。当团队获胜时，即使你在这个过程中一人立下大功，也不要忘记归功于团队。麦克雷文在这方面特别擅长，这对他很有帮助。然而，他说话的方式并不像是一种领导策略，他是发自内心的。你也可以进行练习：在陈述中少用"我"，多用"我们"。在我们的心智训练中，这被称为把目光从自己身上移开，放在团队上。当事情变坏时，即使不是你的错，你也要承担责任。

控制呼吸和冥想练习，也会帮助你变得更加谦逊。我建议你将它们作为日常练习来做——最好与团队一起。自2007年以来，我一直在向海豹突击队和其他客户传授这些宝贵的技能，并目睹了它们产生的巨大而显著的作用。究其原因，它们能帮助你从以自我为中心的思想中脱离。你将会连接到自己灵魂的中心，实现真正的谦逊。

盒式呼吸

这个呼吸练习的目的是让你学会控制呼吸节奏，方法是缓慢地深呼吸，并且在每次吸气后和呼气后屏住呼吸。当你每天都这样做时，它会减轻你的压力，帮助你保持专注，提升你在生活中各个方面的整体表现。我建议早上醒来第一件事是做20分钟的呼吸练习。

1. 坐在椅子上或者坐在你的冥想凳上，慢慢地用嘴呼气。

2. 慢慢地用鼻子深吸气，数到四或五。放松你的腹部，运用你的膈和所有帮助呼吸的肌肉。感觉空气逐渐充满你的肺部，但是不要过度。

3. 吸气后屏住呼吸，数到四或五。在屏住呼吸时，尽量不要产生任何向下的压力。这应该感觉很轻巧，好像你还在吸气一样。

4. 用鼻子呼气，数到四或五，排出肺部的所有空气，然后将肚脐压向脊柱的方向。

5. 呼气后再次屏住呼吸，数到四或五。在自己设定的时间里重复这个练习。

这种练习有助于你实现唤醒控制（压力管理）和注意力控制（集中）。当你练习的时候，把注意力放在呼吸模式上。然后，当你注意到你的思想已经偏离了专注的目标（它会的）时，你就把它拉回去。随着时间的推移，你会更专注目标而更少分心。作为一个团队，你们坐在一起闭着眼睛呼吸是一种特殊的体验。大多数人刚开始会觉得这种体验很尴尬，但是它会快速大幅增强人的亲密感和谦逊感。如果整个团队能共呼吸同冥想，那么彼此之间会更加信任。相信我，仅仅这一练习就改变了我自己团队的表现，加深了成员之间的相互联系。

熟练地使用呼吸和冥想这些方式，有助于你成为一个更平和、更有凝聚力、更完整、更直观、更有洞察力的角色。如果你不恰当地使用这些方式，那么你会发现自己将沉迷于某些消极的想法或幻想。只有有技巧地传授这些方式，才能帮助你避开沿途的很多坑。

所以当你开始冥想练习时，无论是你自己做还是和你的团队一起做，都不要忘记，练习的类型和练习的方式一样重要。首先要了解你为什么做这项工作，比如为了培养你的真实性格和情感深度，以及了解什么方式对你来说是合适的。其次要利用冥想练习来提高自我意识，以便让自己变得更谦逊，而不是变得更有钱，或者变成一个更专注的浑蛋。

哈佛大学里的信任

我曾有幸拜访了哈佛大学医学院神经外科的医生，并与他们交流。这多亏了我的学生鲁道夫·瓜迪亚，他是一个医学博士。

瓜迪亚博士在很早以前就发现了我的训练体系，并于2016年参加了一项名为"20倍"的海豹突击队健身活动。这个名字体现了我们的一个信念，即你可以训练自己获得比你想象中多20倍的成就。这项活动包括12个小时不间断的紧张团队训练，涉及身体、精神和情绪多个方面。它的主要目的是迫使团队敞开心扉，学习如何培养出更多的信任和更大的勇气。

2017年5月，他邀请我去哈佛大学医学院，向神经外科的医生和教授发表演讲。在此期间，他们允许我旁观了他们的教学查房过程。每周一次，他们会针对最难处理的案例进行讨论。这是一场自由的讨论，会充分揭示所讨论案例的好的、坏的，甚至是丑陋的一面。案例的展示人之所以被选中，是因为其最近主导了一项手术，这项手术不仅难度大，而且其中的一些决定可能会受到质疑。换句话说，医生可能犯错了。

我很清楚，整个团队并不确定负责展示的医生是否对病人做出了正确的护理决定。这位医生处境尴尬，其他人在不断追问她，但她并没有往心里去。我马上就想起了我们的海豹突击队任务报告，它们有着相同的特质。整个过程非常精彩，这绝对是一支精英团队行动的样子。

这些人都是各自领域的专家，他们的目的是拯救生命，同时冒着巨大的个人风险把他们的决策完全公开透明地展示出来。至少在我看来，他们在练习谦逊，并且不对彼此隐瞒任何事情。

这样做本来毫无意义。因为基于责任和财务状况考虑，并从护理病人的角度出发，这样做风险太大。作为一个团队，他们必须把所有的事情都摆到台面上，并获取相当坦诚的反馈，这样每个人都可以从经验中学习和成长。这种交流方式非常实事求是。没有人会为已经做出的决定辩护。案例展示是开放的、清晰的，医生能够本着学习和进步的精神回答尖锐的问题。

这种透明性是他们相互信任的基础。

说到谦逊，瓜迪亚博士自己就是一个模范公民。他一直都热衷于提升自己。这也是他参与"20倍"项目来击退恐惧之狼的原因。我上次和他交流的时候，他还在波多黎各提供医疗服务。当时，刚过去的一场飓风迫使大多数医生离开了当地。曾经，他花20%的时间在波多黎各工作，剩下的时间在哈佛大学工作，现在他已经把时间分配反了过来。波多黎各的人民需要他，他也愿意把服务他们放在满足自己的需求之前。

我在哈佛大学医学院遇到的另一位医生是系主任穆罕默德·苏丹博士。

在一天中最忙碌的时间段里，这位绅士和我在一起待了几个小时。苏丹博士是我有幸见过的最有趣、最谦逊的人之一。

苏丹博士是一名阿富汗难民，他因战争离开了自己的祖国。他身无分文地来到了欧洲，然后去了加拿大，最后留在了美国。他想办法为自己筹集到了大学的学费，完成了学业，并于2013年被哈佛大学聘用。在我们谈话的过程中，他对我说："马克，我们得到了一切。我们赚了很多钱，有很高的声望。但是我们都筋疲力尽了。我们已经竭尽所能。"

他的团队经常进行长达12小时的手术，在手术过程中需要高度集中注意力。他们可以连续几周每天工作12~14小时。他们不是唯一置身于这种状态的人，许多高水平的团队，比如海豹突击队员、宇航员，也必须学会处理由睡眠不足和压力带来的负面影响。苏丹博士谦逊地问我，他们如何才能有更多精力，以便更有效地开展工作。与美国太空探索技术公司团队相似，苏丹博士和他的领导者们相信，他们永远能学到新东西，而且他们不会怯于寻求帮助。他们不相信仅仅因为他们在自己的领域里出类拔萃，他们就已无所不知。

作为一个团队，他们所做的跟进落实工作极度优秀，达到任何人想象的极限——他们对细节的关注令人惊叹。外科手术本身、术前准备工作、对病人的随访、学习……所有这些都需要人们言行一致，因为他们的一切动作都与性命有关。

哈佛大学医学院的外科医生以团队的形式逼退恐惧之狼，处理任何可能阻碍他们前进或导致伤亡的负面情况。他们表现出对彼此的高度信任，也表现出对自己和自己的技能的高度信任——这不是因为他们自我感觉比别人更好，而是因为他们每天都做到了透明性、谦逊和跟进落实。

透明性的失败

在离开科罗纳多酿酒公司后，我又花了几年时间尝试了许多次创业，每次创业都让我越来越成功。有一次，我在一家公司担任临时首席执行官。一切进行得很顺利，后来公司的风险投资人带来了一位"更合格"的首席执行官接替了我，他很快就用光了公司的资金。后来，我开办了一家独资咨询公司，为其他初创企业提供建议。在此期间，我在圣迭哥大学攻读博士学位时还被聘为讲授"领导力"的兼职教授。我在寻找我的灵感，以便在我退役后的生活中寻找一个坚实的立足点。但是我的下一次冒险却让我内心的恐惧之狼复苏了。这次冒险让我警醒起来：信任是很短暂的。

我的两位海豹突击队队友开办了一家名为"竞技场冒险"的培训公司，他们邀请我担任首席执行官。该公司希望为企业客户带来以户外探险为主题的体验式团建活动。我和他们一起做了一些活动，了解了他们公司的业务内容，然后决定加入。

三个月后，我们准备扩充团队。我们那时已经确定了两位探险领导力培训专家，他们拥有我们认为很重要的技能。由于他们拥有的技能很难通过外包获得，我们决定让他们以持股的形式加入团队。我希望他们的加入能创造一个更加平衡和有经验的团队。

两位新成员加入大约一个月后，他们私下来找我，说他们很难接受其中一个联合创始人的个性。那是一场"有我们就没他"的演讲，他们希望这个联合创始人离开团队。因为我是首席执行官，他们坚持认为解决这个问题是我的工作。我的大脑在说："为什么你们不自己和他谈谈？"但是我的恐惧之狼害怕把事情搞乱，于是我半推半就地答应了。在那次会议上，我感到很尴尬，因为情况确实很尴尬！我也没准备好让任何人走。

最终我什么也没做。

我显然对联合创始人不坦诚。我之所以对他有所隐瞒，是因为情况不确定而且具有复杂性。我还没有锻炼出自己在这本书中所宣扬的情感方面的勇气。因此，我没有履行自己对于信任的承诺，直到事态发展不受控时才公开这件事。像这样的事情很难做到密不透风，真相总会大白于天下。消息最终传到这位联合创始人那里，他认为我们三人进行了秘密会面，为的是谈论对他免职的问题。正如你所预料的那样，我和那位联合创始人之间爆发了争执。

我曾认为，自己没有必要做到完全透明。现在则相反。

为了补救，我告诉他我搞砸了，我本来应该马上去找他。然后我从我的位置上退了下来。事后来看，我能感觉到形势不对，需要做些什么，但我没做。否认透明性会使糟糕的情况变得更糟。我应该直接告知他这件事，检讨自我，然后马上解决这个问题。我没能做到这些的结果是破坏了团队对我的信任。在那个时候，辞职是正确的行为。之后我们的生意就一蹶不振，所有人都开始其他方面的创业。

润滑僵硬的关系

在解除我的排长职务三个月后，麦克雷文给了我第二次机会。他给了我一个去中东的机会，领导一个新的排。他还主动提出帮助我清除有关服役记录的问题，这样我就可以晋升为中尉指挥官（15年后，我作为总指挥官退休）。他承认，事后来看，真实情况被严重夸大了，而且他也反应过度了。他想让事情重回轨道，但是我已经接受了海豹突击队运输车辆团队要求去夏威夷的新命令。所以我婉拒了这个提议，但麦克雷文对我的态度令我非常感激他。

信任就像胶水一样填充并巩固着团队。这样一来，他们在行动时就不用担心出问题后会被背叛、缺乏支持或相互指责的情况出现。

如果信任是黏合剂，那么尊重便是润滑剂，它可以消除交流和互动中的不完美。只要有尊重，事情就会进展得更顺利。

在下一章中，我们将讨论如何培养"尊重"这一品质。

透明性、谦逊和跟进落实

你知道该怎么做——做好心理准备，对你自己和团队坦诚相待。思考以下问题：

1. 你对你的团队或队友隐瞒了重要信息吗？

2. 你上次对你的团队完全坦诚是什么时候？

3. 你是否为自己的失误承担了全部责任，或者你是否把一些责任留给别人承担了？

4. 你认为自己谦逊吗？如果是，那么你每天都做些什么来培养谦逊的品质？

5. 即使是小的承诺，你也会坚持将它们履行到底吗？

6. 现在你想对什么人或者什么事发脾气？记住：当坚持不懈地推进重大举措时，请同时关注细节。

品质三

尊重

直视对评价的恐惧。

名言警句有助于我们将学问、文化传承下去。关于海豹突击队的名言警句不胜枚举，且富有传奇色彩。其中我特别喜爱的一句是："一旦有战事，打破玻璃层。"配图是一只青蛙在玻璃罐里全副武装，它披挂着子弹背带、薄片齿轮、手榴弹和自动武器。海豹突击队员也被称为"蛙人"或"蛙"，这是在向其前身美国海军水下爆破队致敬。这句警句的意思很清楚，除非战争爆发，否则青蛙就应该待在玻璃层的后面。如果他们在街上四处游荡，那就意味着危险近在眼前，当地人会时刻惴惴不安。海豹突击队就是为战争量身打造的。

我第一次见到这幅图是在一件T恤上，那时我在参加一次基础水下爆破训练。当时我觉得这非常酷，还和一些哥们儿开玩笑，说可能真的有些海豹突击队员被关在某个地方，等着打破玻璃层。后来才知道，我说的并不离谱。真的有那么些个海豹突击队的牛人，当司令部打破玻璃层后，他们会被派去执行黑色行动或特别任务。

如你所料，玻璃层后的这些家伙追求的不是荣耀、名誉或财富。他们是沉默的专家，是训练有素的行业精英。他们为"尊重"设定了门槛。

他们的尊重基于三个关键特质：正直、真诚和表意明确。

让我们从更多细节上来认识这三个特质。

正直

正直是尊重最为重要的元素，它需要以高度自律的习惯和强烈的道德感作为指引，否则，尊重很容易就会烟消云散。有一种定义，认为正直就是内心始终如一。有人争论说，既然阿道夫·希特勒内心的思想、言辞和行为始终如一，那么也可以说他拥有正直品格？我认为，这种对正直的定义是不全面的。

在我看来，正直需要一个人诚实，内心始终如一，并且具备道德感和正义感。正直要求人心怀善良，在思考和言行举止方面实现自律。道德指南针会迫使你去做好的且正确的事，同时确保尽量不伤害自己及持不同意见者。

要展现这种自律式的正直，需要内心统一。我的意思是，你应该捍卫正义，而不是从个人前途出发，也不是因迫不得已或因上命难违去选边站队。如果有什么让你觉得在道德上有瑕疵的，那么你要毫不犹豫地表达自己的观点，付诸行动，以言行捍卫自己的立场。

正直的领导者的沟通方式会与他人不同。其言辞和行为方式会尽可能清晰明确。他会明确自己对于过去、现在和将来的个人观点或主张，比如"这是我对过往的看法"，或"这是我看待事物的方法"，或"这是我所希望的"。观点指的是陈述个人对事实的看法，主张指的是陈述个人的立场或期望的最终状态。两者都需要充分的自我认识，以及精心挑选的措辞。

正直的领导者表达的观点和主张都会尽可能贴近事实，这不仅方便其他人正确领悟，而且可保证所传递的信息也是有用的、具体的、可行的。

其言句句在理，字字珠玑。

这种传递正直的原则，能帮助领导者赢得其团队成员的极大尊重。这是为何？因为受这些言辞影响最大的人，就是这些团队成员，他们自然会十分欢迎这种经过深思熟虑的做法。敢于直视内心的狼，意味着你要驾驭自己的情感，通过有用的、具体可行的主张、观点、要求、提议，用一种真实且准确的方式进行沟通。做到这点，需要明察秋毫。但还有一个必不可少的重要因素：积极而正面的语言。

传递负能量只会令他人沮丧，别让消极态度感染整个队伍，如同一个烂苹果坏了整箱苹果。消极不仅会摧毁一个人的内心动力和表现欲望，也会让一个人变得软弱。沟通中，不能用消极的攻击性语言，或言辞不敬。即使彼此之间不愉快，也须敞开心扉，积极而正面地进行沟通。日复一日，通过言传身教去影响你的队伍，这是对自我的修炼。同时，这有助于你和团队成员加深沟通，让整个队伍越发可靠。你要迅速发现团队中潜在的负面的条件作用因素，以免他们对你的尊重很快消失。由于尊重的存在，无论你说什么，他们都将倾听，而不是神经紧绷或担心又要挨批。这样一来，团队成员的理解力会增强，他们会更清晰地理解你所传达的指令。"每日为海豹三叉戟而奋斗"的海豹精神，就包括如何与队友沟通。

海豹三叉戟是海豹突击队的徽标，我们必须每日为之奋斗。在正直的前提下，正向思考，积极表达，认真行事，你将来也可以培养出海豹精神。

真诚

可见，正直以道德为指南，引导人们表现出自律的言行，并要求人们进行自我认识和自我控制。那么，真诚到底指什么？领导者真心与团队成员沟通，对己对人从无虚言，真诚便得以展现。正直与沟通、行动有关，而真诚与情感有关，是"我与我们"的关系，而不是"我与他们"的关系。领导者可能会因为害怕他人评价自己而戴上面具，真诚却让他们摘下面具，卸下负担。如果领导者的沟通方式不能始终如一，或对事对人无法一视同仁，那就有问题了。在一群人面前是一张面具，换一群人又是另一张面具，肯定行不通。真诚是对任何人、任何事都始终如一。如果我在队员面前虚情假意，在指挥系统的上级面前扮演野心家，那么他们会立即揭穿我的这张面具。他们会对我的正直和目的产生怀疑。当我表现得与所有人都其乐融融，他们会认为这只不过是我的另一张虚假的面具而已。所有努力打造的正能量形象都将付诸东流。

害怕被他人评价，是无法赢得尊重的。以尊重为基础建设队伍并非易事，但却值得。

在军队里，我见过许多以正直为处事准则的领导，但他们对待同级和下属截然不同：在官员和士兵面前是两副面孔，与队友相处和与家人相聚又是两番场景。真正的真诚，会令人心生尊重之情，而无须戴上面具扮演不同角色。

在队员、老板、妻子、儿子等人面前，我费了很大劲儿才保持了正直的形象。因为我要努力使自己不因为恐惧之狼的存在而戴上面具。在海豹突击队时，我错误地以为要对士兵真诚，就必须和他们称兄道弟。可是我错了，这样做让我被炒了鱿鱼。植根于孩童时期的这些虚假的自我，将我的真诚掩盖了。

摘下面具，方可令人解脱。摘下面具，需要一种健康的自我尊重感，并非人人可以实现。我曾与各行各业的首席执行官和专家共事，他们无意识中的羞耻感、负罪感和自卑感（这样的情况我常常遇到）让他们对一些事有所隐瞒。他们在事业上和经济上是成功人士，但在内心却并不成功。这种缺乏尊重的感受，来自其人生道路初期，其父母、同事或其他大人物对他们造成的伤害。这导致了情感创伤和自卑感，他们在潜意识里觉得自己不讨喜。

人们在办公室和会议室中，通常不会谈及此类事情。但在我开展提高领导力的工作中，我看到许多领导者和团队成员彼此敞开心扉，共同分享彼此的经历，由此开始修复创伤。能亲眼见到他们的变化，着实令人感受深刻。

没人能对创伤免疫。我有一个好朋友叫乔希·曼茨，他供职于勇气基金会的董事会，他支持退伍军人进行创伤后应激障碍治疗。乔希在战争中经历过九死一生。当时，他的心电图呈平直线，并持续了15分钟，然而在他的医疗队充满爱心的努力下，他奇迹般地活了过来。他总爱说，每个人都会经历创伤，他最严重的创伤来自孩童时期，而不是来自战争中的死亡经历。对我的观点而言，这是强有力的证词。

霍夫曼过程是一个享誉世界的心理治疗项目。创始人是已故的鲍勃·霍夫曼，他相信大部分情感阴影源于孩童时期的创伤，他称之为消极情感综合征。霍夫曼认为，如果父母在育儿时存在情感虐待、情感勒索、情感缺失等充满消极情绪的行为，那么这会导致爱的缺失和抑制，从而对不成熟的、完全弱势的儿童造成创伤。面对充满消极情绪的行为，孩子通常会表现出压抑、顺从或反抗的行为。随着孩子成熟起来，他们会对创伤建立消极反应模式，这会成为他们人格的阴影面。没人敢说自己对消极情感综合征免疫，哪怕是海豹突击队员、最为训练有素的首席执行官，乃至美国总统，都不行。好消息是，通过改变认知和其他努力，这些阴影是可以被消除的。

但是大部分人做不到。

越早重视自己的不足，意识到自己内心的阴影，就能越早融入群体，成为正直、真诚和自由的人。

在这个阶段，心理治疗能帮助我们意识到，我们虽然不完美但仍然善良。不自敬，无以敬他人。冥想，加一个称职的治疗师，或心理治疗项目，比如霍夫曼过程，可以帮助你改变自我认知，实现疗愈。眼动身心重建疗法创始人弗朗辛·夏皮罗博士的著作《让往事随风而逝》让我们看到，眼动身心重建疗法可以帮助我们消除阴影。眼动身心重建疗法在治疗有战争创伤的老兵方面即将取得成功。因此，我强烈推荐先办一个综合的深度研讨会，接下来进行治疗和自我观照。自我观照可以结合每日的沉思和冥想。这些练习有助于整合我们早年被分割的人格——那时我们缺乏如今所拥有的技巧或自我认知。

真诚能使我们受人尊重。相反，不真诚的人常常严于律人，宽于待己。"筋疲力尽""劳累过度""已经做完了""理应拥有更好的""不应该得到更好的"……不真诚的人能找出各种借口。注意观察你的团队成员或老板，看他们的哪方面触动了你。正如专家们说的那样："他人长处，为你所见，必为你所得。"要被人尊重，则需要进行情绪觉察和认知重组练习，而不要评判你做的努力或得到的结果，也不要与他人比较。失败了也不用自我批评。这种练习需要耐心和重复。

真诚也需要你的内心保持平衡。失去平衡时、状态不佳时、焦虑不安时，你都无法专注于心理治疗。直视内心的狼，需要你身体强壮，保持营养均衡，享受每晚七到八小时的高质量睡眠，掌握呼吸技巧，管理好压力。这可以让你在面对生活的无尽压力时，依然微笑面对，而非消极沮丧。这让你抛下面具，将恐惧之狼锁入柜中。

真诚也就是真挚。你是否真心诚意地关心过你的团队成员？你是否不信口胡言、不逃避、不隐瞒？好的领导者即便表现得严苛，也能让人觉察到其关爱之心。

真诚也代表乐于倾听他人意见，承认别人正确、自己错误。开明的领导者无须要求自己始终正确。唯我独尊，把持最终话语权或忽略他人观点，这样的做派会减少别人对他们的尊重。只有开明，方可广开言路、博采众长，团队的思路才能更开阔，决策才能更合理。

最后，真诚并非如铁板般僵化，保持灵活很重要。你在变，团队成员在变，世界在变，要时刻准备与时俱进。真诚的领导者会期待不断变化，并且不墨守成规。

表意明确

在真诚的沟通中，表意明确很关键。清晰度来自对本意的严谨分析，包括明面上的目的和隐藏的目的。如果领导者对任务要点交代不清，那么即使任务完成了，也难达期望值。领导者的意图必须一清二楚，包括期望的结果，或可以接受的结果。分析时，要意识到很多意图隐藏在恐惧之狼驻扎的领域，包括在我们脑海中纠缠的偏见里。只有将它们连根拔起，那原本未明说的、期望的结果，才会变成明确规定的结果。换句话说，你便知道了哪些结果不该发生，从而避免造成不良后果。

当上级领导给你下达指示时，你要小心翼翼，把隐藏的要求尽可能多地找出来。这样，你和团队成员才能对实际任务了如指掌。另外，对最终胜利做出明确定义也很重要。团队成员需要明白奖励是什么，实际结果的可接受界限预计在哪里，这些都是他们的行动指南。同样，失败也必须有清晰定义。即使你的团队成员清楚任务意图、目标和可接受的界限，他们也可能不清楚怎样才算任务失败。能够未雨绸缪，提前考虑到失败，需要的是深入的反省和极度的谦逊，能让团队成员清楚这一点的领导者，会赢得更多尊重。最后，要想获得尊重，就需要你明确自己作为领导者所掌握的权力及其界限——对他人施加的影响、身居高位而必须拥有的旺盛精力，以及为实现有效领导而需采纳的观点。我亲眼见过，一些领导者因为没处理好地位和权力问题，而失去了他的团队成员对他的尊重。有一个例子是领导者过分玩弄手段，另一个例子是领导者过于软弱，从而让他人篡权，甚至或许是促使了他人篡权。他们要么不懂权力，要么不善利用权力。他们固执己见，对别人的看法置若罔闻。

死亡赛跑

2014年年末，我第一次遇见乔·德·塞纳。他邀请我去观察一个新的持久性比赛项目，这是我擅长的领域。

乔喜爱时间长而痛苦的项目，热衷于训练带来的自信和成长。他决定邀请其他志同道合的"狂人"，到他的农场进行一场死亡赛跑。这场赛跑计划持续四天，好吧，实际上持续了更多天。他警告参赛者说："我不建议你们参加这场赛跑，你们可能会死掉。"

没人退出，他们反而觉得这样的比赛多多益善。

这项死亡赛跑后来发展为如今获得巨大成功的斯巴达勇士障碍赛。乔满腔热情地发明了一项新的运动，电视媒体都在转播有关这项运动的世界锦标赛。为了拓展业务、提升规模，他觉得可以对一些斯巴达勇士赛的教练进行证书认证。他雇了一些人，准备在他的农场举行一场赛事。此外，他邀请了我和其他一些专家，这些专家创建的训练系统的理念与他一致。乔希望我们能帮他验证他的训练理念，希望我们成为他的"认证顾问委员会"。

我看得出，乔对他的任务了如指掌。通过开展认证来帮助提升业务，这是明面上的目标。任务之下还有许多隐藏的目的。最主要的一个是，确保认证的质量而不是数量。给接受他邀请而来的勇士们进行认证，这个任务不是必须完成的。当时有12名候选者，他们都希望在那个周末获得认证。他说得很清楚，他们离开的时候完全可能两手空空。

乔明确解释了优秀的标准。他很清楚这些参赛者会期待什么水平的挑战。他们可以不眠不休训练48小时。他们将不停向前，完成高难度任务，展示完成任务和教学的能力。在挑战中，他们对下一刻一无所知。挑战成功的关键不在个人学识，而在于其坚强的性格。这正合我的口味，这也类似我的SEALFIT培训中心中的一个训练项目。

在这场赛事中，我亲眼见证乔表现出正直、真诚的品质，并且在沟通时表意明确。他有一个团队来管理这些活动，他原本可以在自己筋疲力尽时回家放松，陪陪家人。但他没这么做。他和我们待在一起，和学员们一起做每个转体动作。依我的经验，这可不是大多数领导者能做到的。

我们乐此不疲地在延绵不绝的崎岖小路上穿行，抛掷巨大岩石，勇攀险峰，砍下大堆柴火，甚至做两小时的热瑜伽。我们会通过所有这些任务来仔细观察学员们。

乔从来不高高在上，或视自己为斯巴达勇士赛的尊贵创始人而远离众人。他对所有参赛者和员工都真诚以待，尊重有加。他愿意一视同仁，以其对团队和学员的要求标准来要求自己，让彼此感情更近，因此他深受大家爱戴。

在赛事结束时，我们筋疲力尽却又情绪高涨地坐在原木上，还想着是不是要把这些原木都劈开。在我们和每个学员仔细面谈后，乔让他们解散，并咨询了我们的想法。

我告诉乔，我还不准备给任何一个人认证。我觉得他们还没做好成为乔的先锋教练的准备。诚然，这次训练的经历是一次对胆量的考验，但作为认证过程，它缺少训练模式中该有的凝聚性结构，正是这种结构让教练可以将乔所推崇的生活方式传授给其他人。一些专家对此表示同意，另一些则保持沉默。

最终，乔没给任何一个人做认证。

原本给他们一个完成测试的安慰奖非常容易，但这违背了他一贯秉承的正直原则。他不是在扮演真诚。他之前说得很明白，他们可能得不到认证，他只是遵照事实而为。他并没有因为与他们之间相互依赖的关系，而不去伤害他们的感受。他也接受了我们对项目的建议，之后形成一种新的方法。教练认证项目直到今天都一直在蓬勃发展，并且乔在他的组织中也一直备受尊重。

依旧混乱不堪

回顾我走过的旅程，你可能认为，迄今为止我已经成功地在企业界组建了自己的精英团队。

其实不然。我看起来就像海豹突击队员常说的"混乱不堪"。

加入海豹突击队之前，我正经营着自己的副业，那就是建设"NavySEALS.com"。由于对自己的技术和营销能力缺乏自信，我找了一家公司，合伙建设网站，提供在线销售订单服务。我基本上是将这门生意的电子商务部分外包给了他们，这在当时其实就是整个生意。我当时与该公司创始人的妻子一起共事，对她很信任，因此我没有对这家公司做调查。这家公司擅长在线运营和销售，这在当时还是一个新的领域。但是，我感觉自己难以掌握新的互联网技术，这就等于在给恐惧之狼喂食。自我怀疑是我的一个阴影。我对电子商务一无所知，建设平台需要帮助，这是事实，但我甚至没有尝试做点研究或试试其他选择。相反，我轻信了他们的专业水平，没有进行法律咨询就签署了协议，将大部分运营功能外包给了他们。

合伙人开始花费时间和金钱，以便让业务取得成功。然而几个月后，我慢慢感到这种合伙关系要出问题了。由于沟通困难，报告难以理解，我做了个评估，结果发现双方的价值观看起来不合拍。由于我花在海豹突击队后备队上的精力越来越多，我转移了注意力，忽略了一些重要的细节。但直觉总告诉我哪里不对。最后，我鼓起勇气和他们进行了一次坦诚的谈话，讨论我们协议中明示的和暗示的假设内容。

成败的关键不仅仅在于细节，有时还在于细节之间的空白地带。我放弃了很多控制权，我感觉他们在一点一滴地卷走我的生意。我请了一个财务专家帮我跟他们对接，以便弄清真相，但结果没有半点变化。

这次介入变成了一场闹剧。几天后，我接到域名公司的电话，通知我说我的合伙人联系过他们，要求将我拥有的"NavySEALS.com"域名转到他们名下。

我的合伙人认为，作为我们合伙关系的一部分，他们对域名享有权利。我不这么理解，而且我也不打算放弃这个宝贵资产的所有权。

我认为他们知道我想退出合伙协议，所以他们试图通过控制域名来保护他们的投资。我立刻终止了合同。不出所料，他们请了律师。这给了我沉重的一击，我不得不向他们赔偿以退出合伙协议。

一个月后，他们启用了新域名，重新开始经营。新业务和我的一模一样，只是域名不同，网站稍微有所修改。后来我去参战时，他们盗用了我的理念，抢了我的小生意，以此羞辱我。

这依然是我的错。我表现得混乱不堪，也未做到诚实正直。

我不清楚自己创业为什么需要合伙人，我不清楚自己为什么没有就域名所有权问题做清晰界定，我甚至不清楚这项业务的愿景。我想以真诚待人，但还是做得不够，整件事情都搞砸了。就因为缺乏清晰度，我留下了法律上的一堆烂摊子，还顺带制造了一个竞争对手。我没有得到尊重。

在科罗纳多酿酒公司，我没能表现得有勇气。在竞技场冒险培训公司，我没能兑现对于信任的承诺。在这次创业中，尊重也被我弄丢了。在商业界，我能成功组建一支精英队伍吗？我认为自己还需要成长，需要进一步改正自己的缺点。

尽管失败了，但所有这些经历都教会我，聚焦自我成长十分重要，并且和团队成员们齐心协力是领导者实现自我成长的最有效方式之一。

让我们看看如何利用你的团队加速你的成长。

正直、真诚、表意明确

像以前的练习一样，拿起你的笔记本，做好思想准备。准备就绪后，按照下面的指导语进行：

第一步：回忆曾让你失去他人尊重的往事。你曾做过什么决定，以及你做出的反应怎样伤害到你自己或他人？在脑海里回放那些场景，然后回答以下问题并记录产生的想法。

你的感觉如何？

你学到了什么？

这个情景是否出现了不止一次，也就是说，这是一种固定型思维模式吗？

你戴着什么样的面具？例如，你是否因为害怕被评判，或害怕自己无法胜任而戴上面具？你为什么没能做到正直、真诚、表意明确？

第二步：想象自己的身体、精神和情感都处于理想状态。想象自己的行为举止具有创造性并能进行积极响应，想象自己正直、自律、真挚（不是伪装的）、表意明确，看你的团队成员和家人如何满怀尊重地回应你。把自己看作受人尊重的领导者，把想法通过语言和行为强有力地表达出来。

那样的感觉如何？

你学到了什么？原来的我和这个理想的我，差别在哪里？

在正直、真诚、表意明确方面，你该如何改进？

品质四

成长

直视对非舒适
区的恐惧。

1990年6月，我如同身处地狱。

海豹突击队的训练长达九个月，其中包含六个月的基础水下爆破训练，以及三个月的海豹突击队资格训练。整个训练贯穿着领导力、生存、躲避、抵抗和逃脱方面的内容，其间还穿插着课堂教学内容。

有勇气承受这一切，同时赢得同伴们信赖和尊重的人，将获得佩带海豹突击队徽标的权利。然后回到部队，换一支队伍，从头再来，开始新的训练。作为一名海豹突击队员，训练和成长是一个长期的、永无止境的过程，只有在执行激烈和残酷的任务时，练习才会中断一段时间。

基础水下爆破训练中有几种训练模式，其目的是发挥新兵们的技能，培养新兵们的性格，使他们成长为精英特种兵。基本技能不外乎奔跑、跳跃、攀爬、游泳、格斗之类，以及战术小队技能，比如射击、移动、通信、潜水、爆破、操控小船等。我管这些叫横向技能，它们可以提升能力，让一个人更好地完成任务，但未必能改变一个人的性格。

但是，挑战学员的思维水平、道德素质、同情心和客观判断力，反倒是对他们性格的训练。能干的海豹突击队教练们创建了很多场景，以便考验学员在极限压力下和道德灰色地带中的决策力。在此类模式中，最负盛名的叫作"熔炉地狱周"，为期六天，过程漫长而痛苦。"熔炉"这个词本义是一种容器，在熔炉中的极高温度下，金属将转化为另一种形态。这也是残酷磨炼的代名词。在熔炉中，不同元素相互作用，产生全新的东西，正如在战争的严峻考验中铸就的关系。这个词的含义与"地狱周"完美契合。"地狱周"就是一个熔炉，在其中，学员们将被加热到相变点，由残酷磨炼引入的新元素，将学员们的性格重新塑造，令其焕然一新。

六天五晚，夜以继日，柔弱和恐惧被烧为灰烬，以此铸就队伍的凝聚力。这种凝聚力，是用其他方式难以铸就的。

在我参加的那期基础水下爆破训练班上，入营时的185名硬核学员中大约只有70名坚持到了"地狱周"开启之时。

在"地狱周"期间，又有40名学员被淘汰。最后，正如之前所述，只有19人成功完成整个训练，顺利毕业。在这166个被淘汰的人里，有些是因为缺乏韧性，有些是因为受伤，而大部分人失败的原因更糟糕——转型中的极度不适会导致短暂的痛苦，他们无法忍受这种痛苦而选择退出训练。但那些被淘汰的人可能会认同我的看法，比起淘汰留给自己的长久遗憾，转型带来的短暂痛苦反倒可以忽略不计了。毫无疑问，"地狱周"是最为独特的转型训练项目之一。其他的精英特种部队也在各方面模仿"地狱周"，不少平民也通过一些迷你"地狱周"来体验这些训练的魔力，比如SEALFIT培训中心的50小时科科罗熔炉项目。

在基础水下爆破训练中，经过两个不眠不休的日夜之后，只剩下受无意识支配的受训学员，他们开始怀疑自己为什么还留在此处。学员们之所以参加基础水下爆破训练，是因为他们想证明自己是世界上最强、最猛的人，然而，突然有一天他们发现，基础水下爆破训练对自己其实毫无意义。很多人甚至彻底忘记他们来这儿的初衷。所以他们放弃了，拒绝了熔炉对他们的转型改造。想要通过考验，学员们必须能忍受不适，并在内心确信："我行的，我一定能做到，我经得起这样的磨炼。"他们必须有永不放弃的态度，才能在地狱般的训练中应对自如。以坚定的承诺和强大的勇气来承受磨炼，才能重塑性格。顺利通过"地狱周"，会让学员脱胎换骨，成为更强、更清醒、更好的队员。

下面是关于可怕兄的故事。

刚进入训练营时，我认为班上不少人有能力应对压力和混乱局面，但他们缺乏一些难以言说的品质。在这些人中，有个外号叫"可怕兄"的哥们儿。在他的故事里，你会看到，他好像精神失常了，至少有那么一会儿是这样。

可怕兄身体强壮，他具备成为一名海豹突击队员所必需的基本素质。但在我看来，他似乎是以迷糊的状态通过训练的。似乎在每次训练中，他都是勉强过关，总是在教练片刻疏忽间溜过去。我估计他是撑不过"地狱周"的。

"地狱周"从周日开始，在下一个周五的某个时刻结束。他们不会告诉你开始和结束的具体时间，但你必须经历"地狱周"的一切。枪林弹雨忽地一下就来了，烟幕弹和炸弹横飞，警报四起，消防水带遍地，一切都预示着数小时内这里将一片混乱。"地狱周"内挑战不断，它们一个接一个，看，教练只想着快速把你撂倒。

卧倒，起立，卧倒，翻滚，匍匐前进到海滩。下水，爬回来，做俯卧撑。满脸是水，无休无止地做着俯卧撑。

然后，才算开始了真正的训练。

在头两天彻夜未眠后，全体学员进入了一种新常态：大家希望表现出色，但精神上的压力以及高强度的训练让大家都筋疲力尽，步履蹒跚，学员们直到下一次用餐的时候才能休息片刻。我则完全依赖自己学到的技能，使用呼吸控制和积极而正面的自言自语方式，在脑海里想象成功画面，专注于当下。按照教练的建议，我把时间压缩，集中在小目标上。这些技能价值匪浅，正是大部分学员所缺乏的。

在那周的周四晚上，夜色仿佛是一片长长的桨叶，十分梦幻地环绕在科罗纳多岛周围。而在帝国海滩边的沙丘里，我们正进行着无休止的训练。寒冷刺骨的太平洋海水，一望无际的海岸，还有那些无名的沙堆，都陪伴着我们。教练说我们表现很棒，要奖励我们一次洗热水澡的机会和四小时的睡眠时间。这时间对我们来说，幸福得就像一辈子，但我们先得写封信给母亲。在酷热的教室里，每个人都穿着又热又干的制服开始写信。只一会儿，教室里便只剩下呼噜声。

然后，风云突变。显然是教练在耍我们。

连着五天没睡觉之后，我们有了40分钟的休息时间，这段时间刚刚能让我们进入深度快速眼动睡眠。这可不是捉弄人的把戏。"地狱周"在测试精神和身体是否刚毅不屈的同时，其设计也意在模仿实战，一名海豹突击队员在实战中可能遭遇的情形，在这里都会出现。若实战中遇到持续的混乱局面，那么吃饭肯定是有一顿没一顿的，下次睡觉也不知道是什么时候。事态不受自己控制，学员们只能全力应对。但在睡眠匮乏之时，学员们连应对的能力都没有。

正当我酣睡如泥，憧憬着自己可以在这四小时中得到安宁的时候，突然之间，各种喧嚣铺天盖地，机枪、烟幕弹和教练的咆哮声响彻耳边，我们再次陷入易变性、不确定性、复杂性、模糊性之中。我快速甩掉身上的蜘蛛网，和队友们一同下水。一分钟前还在死睡，现在却身处寒冷刺骨的海水中。我召集好船上的队员出发，这时看见了可怕兄，他好像更加迷糊了。有人把他从座位上拉起来让他勉强站着，可他就像灵魂出了窍，身体直往墙上撞去，然后像僵尸一样被墙面反弹回来，直到有人把他拽出教室。我们其余人都在跑向激浪区域，而他只是到处打转。当他正无法自拔时，教练注意到他，冲他喊着，让他快走。他依旧毫无意识。显然，他脑海里还是一片黑暗。

医护人员把他抬进医疗车，准备送去诊所。诊所会对他进行评估，不出意料的话，他们会建议将其淘汰。他的表现证明，在战斗情况下，他可能会危及团队和任务，甚至可能让他自己丧命。眼前的情形肯定让可怕兄那不好使的脑瓜清醒了起来。

他忽然死死盯住车顶，开始明白他这是在哪里以及发生了什么。当汽车停下时，他打开门，跳了下来，完美地打了个滚，翻过路面，穿过基地，冲刺而回。

他顺着路跑回基础水下爆破训练营地，直接跳入水中，回到队员身边。教练们看着他，都十分诧异，他们通过眼神交流，看是否该阻止这个疯狂的男人。当他跳进水里时，总教练只是微笑着耸耸肩。海豹突击队的教练要时刻注意异常情况，以免学员在打破现状时把自己弄崩溃了，或违了法。

教练们刚刚见到了这一幕。

可怕兄的清醒，既有字面上的从瞌睡中清醒，也代表他瞬间明白了内心目标。他认识到，因睡眠不足而产生的头昏脑涨，让他几乎丧失了成为海豹突击队员的机会。他以往挺聪明的，但还没成长到足以做到内心自律。然而就在那一刻，有什么东西突然激发了他的转变。如同人们面对一场严重危机时会幡然醒悟那样，他的潜能被唤起，他瞬间脱胎换骨。

换言之，可怕兄在飞速成长。他完成了那期的"地狱周"训练，也出色地完成了其他训练项目。他成长为一个真正的领导者，成为我们那一期训练班中赢得海豹三叉戟的19人之一。

在本章后面，我们还会聊聊他的故事。但现在，我想谈的是促使成长的主要因素：挑战、多样性和导师。这些因素适用于领导者及其队员们。

挑战

我们不一定要去挑战"地狱周"，但要充分开发领导力，我们必须尽量挑战自我。而且，我们挑战的类型、应对的方法都很重要。心情愉快地拥抱有意义的挑战，闪耀出场，努力工作，战胜磨难，成为最好的自己，这才是关键。这意味着你走出了舒适区，欣然接受了打破现状所出现的种种不适，不让自己再困于弱势格局中。

刚开始挑战自我时，我会选择那些让人精神上十分痛苦的持久性比赛，比如赛艇运动和三项全能运动。后来是每日的武术练习，以及加入海豹突击队后所受的训练。如今，我会选择高难度的合气道和瑜伽等。

挑战不适是一种生活方式。这种生活方式振奋人心，吸引了许多想挑战自我的人和我一同训练。同时，这些队友也在每天推动着、督促着我的成长。许多军队的指挥官在离开他们的团队后，因为无人再挑战他们，顿觉浑身不自在。通过勇气基金会，我们可以帮助老兵，让他们再次融入团队，相互扶持，努力成长。他们得以一同挑战自我，再次成就最好的自己。通过这种挑战自我的方式得到成长，其感觉妙不可言。此外，这样的成长对一名领导者而言，影响也是全方位的。更好的整合、更深的情感联系、更高层次的自我意识，这些自然而然都会实现。

精英团队的属性之一是，通过挑战为加速发展奠定基础。

对个人整体进行全面挑战而产生的结果，我们称为纵向发展，它与之前提到的横向发展截然不同。这是一种个人的成长，让人更富同情心，认知更清醒，能力更强。这是一种性格方面的发展，让人视野更加开阔，决策更加细致入微。

纵向发展也让个人对他人更为宽容和更具敏感性。

纵向发展不同于掌握新技能，或做事精益求精。横向发展易于产生更高效、更有效的执行过程，但不会引发个人演变。至于纵向发展，我们可以把它想象为一把梯子，你正向着更高阶的认知、视野和自我意识，攀爬而上。

正如本书引言中所探讨的那样，人人都能经历纵向发展的三大阶段：以自我为中心、以种族为中心、以世界为中心。

纵向发展的最终目标永远是第五稳定状态——富有爱心，以世界为中心。许多人还卡在以自我为中心和以种族为中心的阶段，包括第一、第二、第三稳定状态（虽然因为商业全球化的趋势，很多第三稳定状态的人也可以是以世界为中心的）。我相信正如我在本书中建议的那样，快速的成长能让我们释放全部潜能，必定会让我们形成以世界为中心的领导力。这是自然演变的一个步骤。

但只有靠团队才能实现。

我们可能总觉得自己已经很有见识，同时发挥出了自己全部的潜能。但实际情况并非如此。要打破老一套框架，释放自身的潜能，就得挑战一切我们已知的自我。你的团队可以帮你完成。作为纵向发展训练的结果，团队成员之间能建立更多真诚。

可怕兄就是这么成长起来的，你和你的团队也会经历这样的转变。

升级到个人发展的新阶段的体验，有别于你对一种短暂状态的体验。对海豹突击队员而言，进入心流状态和到达巅峰状态，早已司空见惯。当人全神贯注于一项复杂任务，遭遇紧张局面，需要身体、大脑和情绪完全协调一致时，就会出现心流状态和巅峰状态。在某一刻，时间仿佛放慢了或加速了，而他的动作行云流水，毫不费力。他能敏锐洞察周围环境，感觉与队员、与自然、与宇宙本身心灵相通。诸如此类的暂时状态的变化，可以提高个人的表现，并在内心留下"跟踪标记"，为个人发展到更高阶段指明方向。

在海豹突击队以及之后的日子里，同样的经历在我身上屡见不鲜。并非我特别，而是训练为我打下了基础，让我做好了应对的准备。而且当时情况紧急，这要求我必须全神贯注，以应对艰难的任务。但在掌握了横向技能后，到达心流状态或巅峰状态的体验会变得短暂。它与纵向发展阶段的更迭迥然不同。稳定状态的更迭，需要你形成新认知地图，并提升认知、连接和决策能力。心流状态不会带来纵向发展。其实当你抛弃旧有的信仰和模式，多少会有些不自在。这种短暂的不适是道德成长、情感成长和精神成长中必须经历的。

脱胎换骨，总伴随着痛苦。

和你的团队一同挑战自我，经历纵向发展，势在必行。在过去的一个世纪里，企业界一直缺乏纵向发展，以及与心灵和头脑有关的训练。但如今，以世界为中心的视野十分重要。除了关心爱护你的董事会和投资者，你也要同样关心爱护保安或清洁工。人人都重要，每个人都有关联，每个人都在担任一个重要角色。只有尝试纵向发展，你才能充分展现这些属性。

你要提升做好事的能力，提升把事情做好的能力。

大多数领导认为雇用看性格，技能靠培训。这意味着他们想雇用有潜力的人，而后对其进行职业培训。雇用愿意努力成长的人，再提供充满挑战性的横向训练，如此，被雇用者便可以掌握他们专业所需的技能。

这个方法合理可行，但还可以改进为：雇用看性格，性格和技能都靠培训。

复利和投射

一个天才瑜伽老师曾告诉我："如果锻炼时，瑜伽垫边缘是空的，那说明你太浪费空间了。"

这句话非常适用于领导力和团队能力的建设。你得每天至少把自己往极限边缘推百分之一，力争每个任务和每项活动的质量都进步百分之一。这看似不多，但随着时间的推移，影响会变得惊人。你要训练自己心无旁骛、在此时此地更加专注的能力。通过学习、实践和教学，你可以逐渐掌握纵向发展技能，比如控制呼吸、集中注意力、冥想和想象。每重复一次，就增加一点挑战难度。这种方法会让你事半功倍，即实现复利增长。

成长锻炼中的复利增长，和金融的复利利息原理差不多。每天给自己的挑战多加一点，对成长的投资就会有更高回报。刚开始，增长可能不明显。但很快你就能发现，自己在领导能力、团队协作能力及其他能力上将出现显著成长。

纵向领导力的提升，会像多米诺骨牌效应那样投射力量。动量的存在，让小的多米诺骨牌可以推翻大得多的骨牌。让我们以武器训练为例来描述力量的投射。有人给你一个武器，你根本不知道怎么用。你可能因为有了武器而怕得要命。但是，你有教练可以教你。慢慢地，你学会了在20米外击中靶子。再下次，你已经将全部子弹发射到90米以外的靶中心了。然后无论是走还是跑，你都能百步穿杨。投射力量越大，技能就越能实现复利增长。你所做的，只不过是击倒第一块多米诺骨牌而已，其他骨牌就会一块接一块倒下，毫不费力。很快，所有骨牌都会被推倒，包括最大的障碍物。开始时，你绝对想不到，小骨牌竟然能推倒如此大的障碍物。想象一下，这种复利与投射的组合，将让你的个人成长目标完成到什么地步？

不要忘记基本要点

说起成长中的挑战这个概念，其中一个重要内容就是不论你的技能进步多大，都要常常回归基本要点。

横向技能和纵向技能的发展都必须以基本要点为基础。

再以射击为例，横向技能的基本要点是握枪、站姿、呼吸和扣动扳机的方式。当其他方面都进步时，你依然得不停练习这些基本要点，否则效果难达预期。

许多人在发展纵向技能，比如在提高情绪意识和进行正念练习时，因为被闪亮的新式训练或新花样吸引，会常常遗忘基本要点，成长的基础因此崩塌。你必须检查哪些是必需的基本技能，然后选一组简单的技能，坚持练习。例如，如果按照我所传授的技能（我在"地狱周"以及战无不胜的大脑项目中应用了这些技能）持之以恒地练习，你会发现其作用非常惊人。这些基本要点是：

技能 1. 盒式呼吸法会让你恢复平衡，控制压力，平复思绪。

技能 2. 积极而正面地自言自语方式将训练你保持积极心态和正面情绪，一直给勇气之狼喂食。这将对你的精神、自尊心和领导团队的能力产生巨大的积极影响。

技能 3. 想象你将来的画面，把它变成现实，而非只是愿望。而回忆你过往的画面，则有助于消除遗憾。

技能 4. 通过实现相关的小目标来接近你的愿景，把准星聚焦在你最关键的目标上，将让你收获更多成就。

要知道，你的自我会哄骗自己，让你认为自己"成功了"，不再需要训练。这种自我是最难以克服的障碍。记住格特鲁德·斯泰因的一句话："时过而境迁。"你总是处于变化中。问题是，你是想变成一个以世界为中心的领导者，完整而统一，还是想让自己变成一个不尽如人意的领导者，只因为你觉得没必要再训练，或没必要再挑战自我？

致力于挑战

每日挑战自我，是否存在最佳练习方法？从哪儿开始挑战呢？何不先仔细看看你现在处于怎样的舒适地带和拥有怎样的陋习。然后挑战自我，摆脱它们！

你的团队和导师（或教练）是否帮你找到了自己的陋习？我的客户发现，只要立即采取对策，有些陋习并非难改。这些陋习包括：

1. 在社交媒体上花费大把时间。

2. 对太多事情说"是"。

3. 不良的饮食、睡眠和锻炼习惯。

4. 没用盒式呼吸法来解压。

5. 保守的想法或负面情绪模式让交谈无法继续，破坏人际关系。

6. 遇到冲突，就退到更低的稳定状态去。

7. 不知道自己想要什么，或表达不出自己的想法。

每个人都有无数机会可以直视内心的狼，我们可以通过挑战自己的陋习、偏见和习惯化模式来实现成长。可以用"爬—走—跑"的方法，先挑战一个模式。然后让自己所做的事与被挑战的模式完全相反，以此挑战自我，战胜这个模式。

举一个简单的例子。我做过一个练习，面对所有要求，我都说"不"，或说"让我考虑一下"，慢慢地就克服了自己凡事都说"是"的陋习。这让我能更自由地做出更合理、更理性的决定。当有人向我提出要求，而我正打算说"是"的时候，若我能往后退一步，我就能更清楚应怎样得体地回答，而不是为了取悦别人，或只因心底的恐惧就应允下来。简简单单的一个练习，能让我更加专注，有更多时间去做正确的事情。还有一个好处，那就是我不需要去兑现本不该做出的承诺。

记住，根深蒂固的陋习会让你在成长的路上遭遇挫折，我们必须战胜它们。首先聚焦于那些最花费你时间和精力的模式。这样最容易取得重大突破，甚至让你产生更多动力去进行纵向发展训练。

和团队成员们商量好，让他们每天配合你进行挑战。以此为练习，此后你将为自己的变化速度所震惊。

多样性

日复一日做着同样的事情，就无法体验多样性。每天在同样的环境中，你看到的就是同样的人。哪怕你晋升了，唯一有变化的也只是事情的难度级别。当然，你也会承受更大的压力。

缺乏多样性，会让你停滞不前。

可怕兄通过了海豹突击队的训练以及花样繁多的技能和工作的双重考验，并受益匪浅。离开海豹突击队后，我很高兴看到他继续拥抱多样性。我也学着他把多样性融入成长锻炼中去。我们在个人生活中和职业上都必须追求多样性。让自己不断接触新事物、新地方、新人和新主意，你将受益匪浅。将多样性的元素，比如个人喜好、学术课程、旅游、冒险和副业带入生活，这样做将拓宽你的视野，使你思维灵活。某些多样性，比如参加跳伞运动、攀岩运动或表演会迫使你直视内心恐惧，它们进而也将帮你建立更强大的自信心。

我让受训的客户每一季度进行一项新的挑战，并相互监督。最近，有些人参加了一个为期八周的进阶班，把他们胆都吓破了。但结束后，他们却热烈赞美这段经历，每个人都克服了恐惧，在一些重要方面取得了成长。从纵向发展的观点来看，多样性会催生新技能，带来出乎意料的好处。接触新观点、新文化，将拓展一个人在个人生活和职业竞技场中的认知。

当你做出改变时，你一定要谨慎。在经历职业的多样性时，对接触到的新事物，你不能蜻蜓点水，而是必须沉下去，达到团队或组织所需的深度。我见过一些客户喜欢不停尝鲜，结果却如同逆水行舟，吃力不讨好。最好是一两年才接触一样新事物，而不是每个月都想着尝新鲜。

即使不是有意为之，你也要保持训练。平日和伙伴们待在一起时，他们其实也是在训练你。

你可能因为有前瞻性而训练一种新的思维和身心模式，也可能为了改进自己的老旧模式而这么做。成天和脑袋卡壳的人在一起，会让你的思维也变得僵化。多样性会激发成长，因为它迫使你去改变那些和你一起工作、一起训练的人。当你寻求新的学习机会，你将不得不跟不同发展阶段的新人群打交道，接触各种世界观。他们可能会成为你的同类人，你将与他们一起进行新的纵向技能训练。

在你完善自己的行为方式，并为之学习新观点时，多样性将帮助你保持敏锐性。要是和我一起训练的人，还是我在基础水下爆破训练班时的那几个家伙，训练的内容也一成不变，那会让我感到无聊透顶（伙计们，我无意冒犯），同时我也早就停止成长了。

技能发展的多样性也很重要。不要像许多公司一样采用千篇一律的训练方式，却奢望能有不同结果。再次以射击为例。我们从呼吸、握枪和站姿的基础抓起。接着从空弹射击到实弹射击训练，逐步远离标靶。然后增加移动靶，接着人和靶都移动，逼真地模仿实战。海豹突击队的技能，永远能体现多样性。

多样性也意味着训练的条件发生改变。例如，学习射击可以在早晨太阳刚出地平面时，也可以在烈日当空时，或在倾盆大雨中……如果应用技能时的环境条件比理想状态要差，那么这种环境条件也属于一种多样性。当你四周的一切都支离破碎时，不妨使出你的纵向技能，看看事态如何发展，这正是"养兵千日，用兵一时"。

领导者要体验多样性，还有一个方法是放弃领导。主动寻找你可以退一步的情形，做一名追随者。大家通常会聚焦在如何成为领导者，但做一名追随者也具有同等价值。领导者和追随者是一支队伍的阴阳两面。是的，你是领导们的领导，但那意味着有一大堆领导者在争夺掌控权。在精英队伍里，每个人既是领导者，又是追随者，两种角色经常无缝切换。

像努力成为领导者一样，去努力成为追随者吧！

没有追随者，就没有领导者。要成为好的追随者，就要一直放弃自我，放弃对错念头，放弃掌权念头。如果不希望别人对自己的领导角色指手画脚，那就不要对他人的领导效率评头论足。相反，不论谁掌权，每次领导的过程都是提高整个团队效率的机会。做好队员的角色，也将完善你的教练和教导技能。这种"领导者—追随者"双重角色扮演的方法，让你可以从多角度观察问题，这就是第五稳定状态的属性。

接受多样性的团队，能更快共同成长。在工作中引入更多挑战和多样性，有利于团队成长。这包括学习新技能，承担额外角色或新角色，或引入体能训练、冥想和呼吸练习，以及引进外部专家。

导师

加入海豹突击队之前，我还是纽约的一名注册会计师，从未有过职业导师。我迷失了方向，羞愧于自己的无能。而后，我在纽约23号街的诚道空手道训练馆，遇到了禅宗大师中村忠。他没有教我如何做事，而是先向我展示如何做人。通过禅宗训练，他让我开始认识到自己的那些陋习。靠这些体验和各种新式训练方法，我甚至在设想着成为海豹突击队的指挥官。

这就是良师的力量。

导师是在你前方为你探路的人。导师能为特定的个人需求或职业需要提供指导，不求任何回报。

但我认识到，你需要一支导师团队。我加入海豹突击队时，在海豹三队找到了一个良师益友，他叫马克·克兰普顿。他是我们的高级士官长，后来成为我的密友。他教会我如何成为一名好军官，如何关心部队，如何待人真诚友善、平易近人，他还教我永远为队友们撑腰。他是一个伟大的良师益友。

我在接受马克教导的同时，也收获了麦克雷文的谆谆教导。他是我的领导，但我们之间的交流让我觉得他更像我的导师。他认为教导下级军官是他工作中的重要方面。他是完美的老板型导师的例子。

当我成为一名徒手搏斗教练时，杰瑞·彼得森开发了一门三百小时的课程，并带领学员们学习。他教会我如何有效搏斗，如何建立自己的进攻心态和直觉的自发性。杰瑞是完美的教师型导师的例子。

当我离开海豹突击队，开始创建科罗纳多酿酒公司，我再次发现自己处于缺乏导师的状态。这意味着我将再次经历令人尴尬的无能时刻。

每当我试图抛开导师，自己单打独斗，并以为自己全局在握时，我总是被狠狠打脸。我知道市面上有一些职业向导机构，比如青年总裁协会和创业家协会。通过参加他们的讲座，我收获了一支导师团队。团队共八人，每月碰面，互帮互助。当科罗纳多酿酒公司陷入混乱时，这支导师团队给了我真实的反馈和意见，帮我厘清现实、理智决策，从而避免了我迷失在混乱中。

对比自己在海豹突击队前后的经历，我才认识到教导对于成长的重要性。因此，我决心今后要一直维持一支导师团队。我还定期受教于其他几位专家。这些内容将在后文中进行讨论。

教导不是单向的关系。与你一样，导师也会从彼此的关系中受益。同时教导多人，则最为受益。在给予他人此类教导时，我同样不求回报。助人和受助一样，均让人乐在其中。

教练

每个领导者都需要教练，多多益善。教练具有特定技能，可以帮你成长，也可以帮你完成目标。这种教练通常是收费的。只有经过专门训练的教练，才懂如何有效教导他人。市面上，各类教练认证项目有五百种以上，所以满世界都是平庸教练。

教练种类繁多，有体能训练教练、营养师、情感治疗教练（也称为治疗师或顾问）、领导力开发师和人生教练等。

要根据自身特定的发展需要来确定教练。教练可以为你提供有针对性的反馈和意见，让你看到在成长区中自己现在的状态以及随时间变化的样子。他们能帮你正视自己期望但未完全展现的好品质，或是你想彻底根除的坏品质。

对自身品质进行详尽分析的做法，可以揭示你的纵向发展需求（身体、情感和精神成长的必要训练），并确认横向技能的需求，以实现职业晋升或跳槽。不论是纵向需求还是横向需求，你都期望这些教练能与你产生共鸣——他们具备资质，同时具备你所需的技能。即使是聘请的教练，也不应让彼此之间的关系感觉上像是在做交易。应该真诚对待教练，打开心扉，分享想法。保密性至关重要。在自己的发展计划里，大家都应相互关怀体贴。

教练认证机构和教练协会可以帮你安排教练。但怎样才能找到好的教练？最佳的方法是在你工作的地方，找你尊敬的人，问问他的导师是谁。通过提供成长服务的专业机构，也能找到教练，比如"向上扩展""战略教练"和"战无不胜的大脑"训练项目。我曾咨询朋友和同事，请他们介绍自己跟过的最好的教练。教练也可以是你曾参加过的讲座的老师，或曾和你一起训练的老师，比如武术老师或瑜伽老师。

除了帮你确认和支持你的发展计划，好的教练还会严格监督你，对你极其坦诚，不怕伤害你的感受。他们将把你的标准提高到你自己不曾想过的高度。他们了解你的喜好，能看到你最好的样子，哪怕你现在还不够格。他们不相信你那套限制性信念，能看到你的潜能超出你现在所能。这就是他们高标准要求你的原因。当你倒下，或感觉步履维艰，教练将提供必要的支持，让你站起来，继续前行。

教练应身体力行，展现卓越。如果他们做不到，那就离开他们。他们应以其专业领域中的精英水准做出示范，便于你学习。这将为你提供让你意想不到的视角。他们既是训练伙伴，又是老师。

领导也需要去教导他们的团队成员。这就是为什么我们说，教导是领导者成长的一项宝贵技能。在"战无不胜的大脑"训练项目中，我们教给教练七项对于任何领导者而言都价值非凡的技能，即：

1. 注意力控制。

2. 具体化的参与。

3. 有力发问。

4. 创造认知。

5. 直接沟通。

6. 设计并付诸行动。

7. 管理进度。

史诗冒险

2019年，受阿斯彭学会成员谢尔顿·沃利茨基邀请，我参与了他的论坛。谢尔顿是一家大型人事公司的首席执行官。能看到他如何运用成长原则，我很兴奋。

每年，他都会为表现最拔尖的团队成员组织一场叫"史诗冒险"的活动。他借鉴了多种训练模式，比如SEALFIT培训中心的方法和维姆·霍夫呼吸法，以完全不同于平日工作的体验来测试他的团队。那年，他在冬天举办了一场户外活动，展示了维姆·霍夫呼吸法如何帮助身体发热，并在天寒地冻时让人依然保持温暖。而这个测试不仅仅是一项勇气测试。他们是在学习新技能，打破旧模式。正如我们探讨过的那样，两者对纵向性格发展都很重要。他们也是在分享一段独特经历，共担危机，以便更好地进行团队协作。你可能觉得这些项目多少过于复杂，但团队有正确态度，才具有爆发力。

当谢尔顿在考验他自己的团队使其成长时，他也在一群导师团队和教练团队的帮助下继续自己的成长。他同时在创业家协会和青年总裁协会供职，还请了一名高水平的高管教练。通过自己的社交网络，他可以接受来自同事和专家私下的指点。本章探讨了关于成长的三个方面：挑战、多样性和导师。就此内容而言，谢尔顿是一个活生生的例子。

可怕兄的成长

2014年，在前往佛罗伦萨的途中，桑迪和我参观了乌菲齐美术馆。我们在这里参观了意大利艺术家的作品，包括拉斐尔、米开朗琪罗和达·芬奇的作品。当我们穿过博物馆时，我听到有个声音在叫"生化人"（我在海豹突击队的绰号）。我有一阵没有听到有人这么叫我了。

我转过身，吃惊地看到可怕兄站在我身后。真想知道像这样碰到他的概率是多少。

距离最后一次在基础水下爆破训练班中看到他，已经过去24年了。他现在是海豹突击队的军士长（最高的士官军衔）。他的双眼异乎寻常地清澈透亮，锐利如鹰。他泰然自若。在我们简短的交谈中，我能看出，他的头脑、认知、求知欲和智力已经有了全面提升，敏锐非常。我们谈论了艺术、海豹突击队的事和很多时事。之后，我们便互道再见，分道而行。

自那以后，我再没见过他，但我时常会想到他。

我记得当时自己站了一会儿，脑袋有点儿卡壳，但同时还在比较浮现在眼前的两个身影：一个是我在海豹突击队训练中认识的那个状如僵尸、在"地狱周"训练中几乎要被扫地出门的可怕兄，另一个是刚和我说话的那个人。如今的他非常健康，一点都不显老。自从在医疗车上醒来后，他走遍世界，历经了各种挑战、多样性，并接受了精英海豹突击队员的教导。他经历了我所倡导的那种加速的纵向发展。他已经成长为一名真诚、正直和以世界为中心的领导者。他呈现的是全面卓越，这真是令人鼓舞。

卓越是精英领导和团队需要培养的另一种品质。我们将讨论求知欲、创新和简洁，看看它们如何帮你将卓越成长和卓越表现提升到一个新水平。

练习 挑战、多样性和导师

回答下列问题，反思如何弥补差距：

你是怎样以不适的方式来挑战自我的？

你如何增加个人生活和职业生涯中的多样性？

是否有导师为你的职业方向导航？

你在知识方面有哪些欠缺？

你的表现是否有不足？绩效教练或领导力教练是否管用？

你身体现状如何？请一个健身教练或营养师是否有用？谁帮助你做心理治疗？在你直视恐惧之狼时，是否有情绪教练或治疗师给予你指导？

你的精神状态和人生定位如何？精神教练或人生教练对你是否有帮助？

将这一切归入一项可执行的计划，找到一位新导师或教练。

品质五

卓越

直视变得独一
无二的恐惧。

如今的海豹六队，已是家喻户晓，他们的传奇故事衍生出众多书籍和电视节目。按官方说法，这支队伍已经解散。其实不然，它不过改名换姓，传奇还在延续。海豹六队是独特的存在，即使在出类拔萃的大型组织中，它的卓越也是空前的、独一无二的。

1962年，约翰·肯尼迪签署行政命令，组建海豹突击队。以加利福尼亚州科罗纳多为基地的海豹一队和以弗吉尼亚州小克里克为基地的海豹二队，得以成立。两支新组建的海豹突击队，都源于具有传奇色彩的美国海军水下爆破队。然而风云突变，一天，新命令下达至水下爆破队。次日，两支海军水下爆破队摇身一变，成了崭新的海豹突击队。老兵遇到新任务，一切都要重新来过——新的训练战术、训练程序和武器装备。鉴于战争的本质是变化无常，极具创造力就是建队的方向。

蛙人们正离开水中，寻找立足之地。剩下的故事，早已众所周知。

成立伊始，海豹突击队就是一支秘密部队。近来公众有一些关于他们成功（和失败）的宣传，这让他们颇为不悦。

1997年，当我开始运营"NavySEALS.com"时，编撰了不少海豹突击队的历史。我花35美元买了域名，建起网站，这里很快变成了一个非官方的招募点，以及海豹突击队的历史档案馆，这个档案馆的职能被后来的海豹突击队博物馆和基地很好地继承了。

海豹突击队对"NavySEALS.com"很不感冒，他们喜欢隐藏在视线之外，而这种新式的互联网产物让他们十分头疼。我的观点是，一定会有人做这件事，那不如让海豹突击队员来做，事实也证明我是对的。如今关于海豹突击队的网站数量众多，但许多网站运营方毫无军方背景，甚至还有的是由非美国人创建的。虽然还有一些顶级军事域名，比如"Army.com"，也由平民所有，但海军依然进行了调查，看是否能从我手上收回这个域名。我提议直接把域名卖给他们，却遭拒绝，他们反而和我争夺网址的商标注册权。最终，这个不赚钱的网站让我心生厌倦，因此我把精力转到SEALFIT培训中心上，为特种部队备选人员提供训练。此后，海军再没来烦我。

在"NavySEALS.com"的论坛上，我卷入了和匿名键盘侠们的可笑争论，他们沾沾自喜，自以为有内部独家新闻。争论的主题主要有三个：

1. 是否任何事都和海豹六队有关？

2. 杰西·文图拉是不是骗子？这个水下爆破队员算不算曾经的海豹突击队员？

3. 冒充海豹突击队的真骗子。

我可以公开声明，假冒的海豹突击队员应该受罚或坐牢（这种人成千上万），但杰西·文图拉不是假的。他曾隶属于作为海豹突击队前身的水下爆破队，因此当然是海豹突击队员。并且海豹六队是有史以来最牛的特种部队。

海豹突击队精英从不曾停止追求卓越。他们是如何做到的？

求知欲

卓越深深植根于求知欲，这促使一个人不断地挑战现状。追求卓越的领导者与那些享受现状的维护者完全相反。在海豹六队，维护者与求知欲强的人之间总是存在摩擦。并不是说维护现状不好。毕竟，一旦无视规则或风险，求知欲可能会引发野火。如果任其这样发展，那么这野火会吞噬沿途的一切。如此一来，随心所欲会导致自由散漫、无法无天的行为盛行。麦克雷文在司令部任职时，创新和鲁莽之间的界限就让他颇为焦虑。

这两类人之间摩擦生热，卓越从中而生，一如野火一旦受控，森林便得以重生。

平衡必不可少。若是得不到平衡，那么求知欲就会被抑制，你的生意必将停滞。创新势在必行，但与机场的不停航施工一样，求知欲强的人在反复锤炼时，还得继续前行。

求知欲强的人永不知足，总能提出不同版本的四个关键问题：

1. 为什么要这么做？

2. 应该做什么？

3. 怎么才能做得更好？

4. 哪个人或哪支队伍最合适？

"为什么"是目的，"做什么"是策略，"怎么做"是战术应用，而"谁来做"是谁来指挥。要催生求知欲，那么但凡遇到重要的事情或需要改进的事情，你便提出这四个问题。

当时隔久远，人们回头反思自己的初衷时，可能早将其忘于脑后，这时"为什么"的问题可能已不再相关。那要做些什么呢？有时，什么也不用做；有时，什么都要做。当下所做的时常是基于过去的"为什么"，而非新的"为什么"。当"为什么"变了，而"怎么做"和"谁来做"没有变时，许多团队便失去了方向。

求知欲强的人不满足于昨日的胜利或成就。在求索之路上，他们很少掉以轻心——不停创新才能实现卓越。精英团队不会在一场大胜后仗着荣誉睡大觉。他们会享受简短的庆祝，然后总结经验，继续下一次行动。我有一句最喜欢的口号，印在海豹突击队训练场的柏油马路上（这条马路叫研磨器，因为我们的性格在此得以研磨，而后重建）："轻松之日，唯有昨天。"

昨天不可思议，很好！让我们忘掉昨天，继续前行。但人们通常会想，难道还能把事情做得更好吗？并因此沾沾自喜，一点胜利都要庆祝几天，甚至不愿再回去埋头工作。获胜来之不易，因此产生一点得过且过的想法，当然也说得过去。但要成就卓越，则要永远追求下一次更大的胜利，永远成长和探索。

求知欲强的人会学习过往，寻求教训带来的启示，这是获得深刻理解的强大方法。他们会努力用新技术和标准作业程序来提升、改造团队成员。

有一句人们常认为来自马克·吐温的格言，用在这里很合适："历史不会重演，但总会惊人地相似。"求知欲强的人对此甚为认同。不要假装自己无所不知，回顾往事，了解来龙去脉，再将它结合现代背景，包括现代装备和现代思维，然后等着开花结果。

166

就像车轮只要改进而无须重新发明一样，有时对设计只稍作增减，反倒事半功倍。

在20世纪之初，我曾祖父的公司迪文兄弟曾生产帆布缓冲车轮，这是一种外边包裹着帆布的金属车轮。这种车轮足够坚硬，但填充物刚刚好，可以吸收冲击力。虽然金属车轮终将破裂，但帆布缓冲车轮可以用上几十年。亨利·福特曾是我曾祖父的公司的老客户，他们将这种缓冲车轮用于第一代汽车上。这种车轮行驶起来，会一路颠簸。

杜邦的科学家横空出世，以橡胶替代帆布，生产出橡胶轮胎。福特买下杜邦的橡胶轮胎，这对车主来说无疑是好事，但对迪文兄弟公司而言却是坏消息。令人感到惊讶的是，自20世纪初问世后，迪文兄弟的帆布缓冲车轮至今仍然在一些奥的斯电梯中使用。有些东西就是基业长青。

创新

求知欲与探索和视野的扩展有关，而创新在于应用新观点，大胆行动，勇于创造新事物。既要扩展视野所及，也要勇于为之付出行动。那样一来，创新就是一种思维，意味着渴望变化和与众不同。没人可以把控一切，或保证自己的技术、工具和程序永远有效，只有创新，才能与时俱进。

在那些爱反复琢磨的人身上，创新是与生俱来的品质。创新者善于思考，或更好的说法是，他们能通过模仿和增减的艺术，将新旧融合。

例如，海豹突击队模仿了古时的斯巴达人，却又修改了某些元素。当敌人拿着大功率来复枪，他们不可能用铁甲、刀剑和长矛应战。但他们应用了斯巴达人的训练方法和理念，比如用摔跤训练勇气，理解恐惧；用呼吸技巧控制压力，唤醒反应（像全副武装，含着满口水，全力冲刺八百米）；负重长途行军，以增强持久性。这些并非海豹突击队独创，而是改编自古代勇士的训练方法。

海豹突击队也从民用行业汲取了一些灵感，帮助他们更好应敌。例如用于夜视的遥控技术，以及在暗处用来让敌人视力下降的大功率手电筒。从马克·崔特那样的登山先驱那里，海豹突击队学会了垂直攀岩的精妙技巧。从雅克·库斯托这样的潜水界传奇人物身上，他们借鉴了商业潜水的创新之举。翼装跳跃、遥控水下机器人、水上摩托和沙滩车，都是他们学到的很酷的主意。当海豹突击队买不到所需物品时，他们会借用他物或自己造。战术背包行业就是始于我的海豹三队队员迈克·诺埃尔。迈克是降落伞管理员，他曾为自己打造背包，后来大伙都问他要背包。很快他就开创了一家自己的公司——黑鹰。此后，黑鹰公司在民用探险装备领域大获成功。

创新需要你总是从不同角度看待事物。看待问题时，由内而外，或逆向还原。面对挑战时，由其最终状态往回看，或从中间开始，往两头展开。看能否将它分解到极致，然后分别有序地解决。

永远自问：还有其他方法来解决这个问题？

创新可以是彻底的改头换面，也可以是渐进的过程。两种情况同时发生也是常事。有时你努力改头换面，却发现只改善一分；有时你只求一点变化，却得以全面革新。

你所在公司的组织结构，对你们能否拥有创新文化影响甚大。一个集权的、官僚的组织一定不如一个分权的、灵活的组织更有创新性。如果在高度集权的公司工作的人期望创新，那么他们只能尝试改善一分的方法，因为在这么一个大的组织中，思想往往更僵化，预算危机往往更大，要取得全面革新往往极为困难。然而，这确实取决于组织的性质，以及你追求的创新类型。大型组织通过类似"臭鼬工厂"的项目来发展创新文化，从而实现创新。日本电子行业巨头富士通，通过他们的开放式创新门户来实现创新，我们将在本章后面讨论这个话题。

创新通常始于灾难，特别是具有生存压力的灾难。推特曾经烧钱太快，需要新鲜理念。首席执行官给每人一个处于萌芽阶段的想法，但需要大家补充新东西。一名工程师出了个主意：去做微博平台。这个主意很酷，并且最后收获了成功，这次的创新让公司文化和结构出现了颠覆性改变。如果采用只改善一分的解决方案，那么他们可能早退出这个行业了。想想自己是要孤注一掷，以开拓一个全新市场，还是仅仅想改进做生意的方法。

如果你不清楚自己想要的最终状态，那么你可能会在创新上浪费大量的宝贵时间。你必须采用一种模式，来剔除那些不合适的主意。否则，你将掉入无底洞，永远在追逐下一个好主意。按海豹突击队的方法，我介绍一个简单的模式，以帮助筛选新项目，它叫"契合、重要性、时机、简洁"模式。

对一个你正在考虑的创新理念提出以下问题：

契合：这个创新是否和团队契合？例如，任务需要与团队能力、团队性格是否匹配？团队可以专注于创新的时间有多少？风险是否在可承受范围内？

重要性：这个理念有多重要？和其他创新理念相比，它是否位列前三？投资的潜在回报是什么？花费的时间、精力和资源是否物有所值？如果不参与这个项目，会有什么后果？

时机：这是创新的好时机吗？我们经常因为觉得一件事前景美妙而马上着手去做，但结果发现要么过早要么太晚。若发现这个创新现在已经无关紧要，那说明时机已过。若发现你的团队还没准备好开发或探索这个技术，那就是太早了。

简洁：我们能否简化，或它会不会变成另一种复杂？如果找不到简洁的解决方案，不妨考虑从头来过。

精英队伍知道，创新来自内心，最好的理念来自灵感迸发、创造性表达、思索、沉思，甚至冥想。它并不一定总是来自研究，也不一定总是落实到纸面，而是涉及对直觉的反复锤炼。

创新者常有一个特别场所来进行创造性思考。这是一个私密安静之所，他们可以进行视觉想象、沉思和反复思考。他们有一个我称为"思维健身房"的内心场所，他们可以在此进行最深度的创造性工作。

另一个能激发创造性思考的方法是，培养阅读习惯以及学习不同学科的热情，比如我每周至少会读一本书。下面这个练习格外有效，就是把你感兴趣的主题记录下来。随着时间推移，这种对学习的认知会固化为条件反射，在你的灵感迸发期，各种理念会自动地相互关联。我喜欢每天早上记录下我的想法，随着意识流动，信笔而书。我有什么深刻见解？有什么可以改善或创新的？如果完成这些，那么我会收获什么样的结果？

绘画是创造性的另一个优秀催化剂。我们在脑海里用画面思考时，很容易产生新想法，一个画面可抵千言万语。

如果能把那些画面画下来，那么效果将出人意料地好。你无须成为艺术家，动笔画就好。在脑海里设想一幅画面，尽可能画下来，然后在边上写下一些简单的词或短句，从而形成一本创新日记。可以考虑报一个绘画班，开启你的创造性头脑。我推荐贝蒂·艾德华的书《用右脑绘画》，以及以此书为基础的一些学习班。就像达·芬奇一样，用绘画将内心的创造性想法展现出来吧。

简洁

少即是多，事情越简洁越好，但简洁不等于轻松。其实恰恰相反，要实现简洁，就要付出更多努力。我们的大脑倾向于将事情复杂化，我们也很容易陷入自认为绝妙的想法，错误地认为功能越多越好。如果你能将长篇大论提炼为短小精悍的段落，那就说明你掌握了简洁。欲变简洁，你需要耐心和练习。

海豹突击队的指挥官理解简洁的重要性。他们明白，要想真正成功，队伍必须专注、专攻。他们不希望把海豹突击队训练成天底下无所不能的队伍。他们会先确认必须掌握的小范围技能，比如不同地形条件下的进入与撤离，包括空降、潜水等，然后不懈地练习这些技能。

他们也会将队伍的任务流程简化。曾经，特殊部队要受训至少十二个月，然后派遣署六个月。他们认为这样做效率低下，而且让男人们离家太久。因此，他们创造了一个"四上四下"的循环训练方法。前四个月派遣，后四个月在东岸的基地训练。这样队员们有更多时间和家人共处，继续求学，并拓展个人爱好。这种模式让队员更健康、更平衡，并且更加专注在工作上。

人生的奥秘很简单

我有一个关于简洁的有趣故事。

曾经有一位仁慈的国王，他想知道人生的奥秘。于是，他派了他的哲人们去研究世间所有的知识，给他们一年时间去完成这个伟大壮举。当年年底，他们凯旋了，带回来17卷书，这些书囊括了人类所知的所有知识，人生的奥秘就在其中。

国王很高兴，说道："你们太棒了，但是我没时间通读。你们能把它缩减到一卷吗？"

哲人们都说做不到，这些知识太多了。

"那就砍掉你们的脑袋。"国王说。一听到这句话，哲人们马上答应缩减到一卷。国王给了他们六个月的时间。

半年以后，哲人们回来，向国王解释说经过冥思苦想，他们终于将所有知识浓缩为一卷。东西交到国王手上，国王甚为满意。

"非常好。但是只让我们这样高高在上的人知道这些，实在是太奢侈了！"国王继续说，"王国里的官员也应该知道这些知识，但我担心这对他们来说还是太难懂。请你们把它缩减成一章！"

哲人们绝望地摆摆手。国王提醒他们，他们的生死取决于是否能完成这个任务，如果不能完成这个任务，那么自己就杀了他们。这次他们有三个月来化繁为简。

哲人们排除万难，再次完成了这个看似不可能完成的任务，把结果交给国王。国王表示认同，并下令在王国内的各位官员间传阅。官员们认为这些知识真是不可思议，希望其子民能共享之。

国王因此要求继续将它缩减为一段。

疲惫不堪的哲人们再次进行加工。读完缩减版之后，所有人都高声宣扬，每个人都需要这种知识。为此，国王让哲人们将其缩减为一句短语。

"就是这样！"国王嚷嚷着，"你们做到了。在城墙上大声说出来吧！王国里每个人都必须知道人生的奥秘。"

纸条上写了什么？这可是重若千钧，可能改变你的一生。

纸上写着（此时应该锣鼓喧天）：天下没有免费的午餐。

这个故事在谈笑之间所探讨的是，简洁之道。要做到简洁，虽任重道远，但事在人为，功到自然成。

想象一下，把17卷的内容压缩成一句话的难度，就如同把手机上所有的按键压缩成一个主页键一般。

听起来是不是很耳熟？

问问自己：我能否把自己要做的事写在一小段甚至一句

话里？如果不能，那就看看有没有可以删除的地方。

要做到思维简洁，就得能忍受生活简朴，生活复杂的人往往难以做到这一点。海豹六队的人都是极简主义者，他们不太物质化。在生活中他们会远离即刻可得的东西，在工作中他们也是如此。

抓起背包，出发开启下一段冒险，对我而言习以为常。现在有了家庭，想这么做就难了。当我离开纽约加入海豹突击队时，我的全部家当就是背包里的衣服，还有一根用来练武的长棍。后来我发现，长棍在我的新工作中没啥用处。当我到达预备军官学校，从公交车上下来时，手上的长棍让头戴礼帽的教员现出吃惊的神情。后来，我离开海豹三队，前往位于夏威夷的海豹运输载具大队一队时，海豹三队的队友把我的家当都发运给我。东西不多，我已经把房子和摩托车都卖了，很多家具都留在原处。结果我在夏威夷租的房子太小，运来的东西一大半都放不下，所以我当场就把大部分东西送给搬家工人。我所践行的就是一个重要的简洁原则：轻车简行，别被物品束缚手脚。的确，远离这些之后，我解脱了。

经常问问自己，什么是自己可以放手的，包括物质财产和手头上的项目等，这将为你的创新腾出思维空间。要做到这点，就要时刻问自己可以舍弃什么，从而让事情简化。这个问题就像一个过滤器，过滤掉无用的东西，为创新留出时间和精力。

简洁也意味着自律，避免浪费时间，避免无尽的分心。如今我去办公室的频率一周不超过两次，原因之一是不想总是没完没了地进行谈话。讨论本身没有错，但稍不留意，时间就溜走了，而且我应该多外出去现场。尽管和你的团队成员进行社交很重要，但这可能妨碍你进行深度创新工作。

过度使用电子产品和社交媒体会占用大量的时间和精力，有关这方面的内容已经不胜枚举。卡尔·纽波特的书《数字极简主义》，概述了抵抗分心力量的方法。蹦来跳去地想要改善生活，是另一种浪费时间的方式。健康的饮食、关于头脑训练的手机应用、呼吸技巧等，则有助于你直视恐惧之狼。最好用一种经受得住时间考验的成长方法，每天练习，直到自己彻底改变。像一颗豆子般蹦来跳去，只会耗尽你的能量，让你三心二意。

简洁原则的强大，再怎么强调也不为过。

现在就简洁起来吧，分辨孰轻孰重。如果你可以做到对最为迫切的任务了然于胸，那就是真的开启了简洁之道。下面是我用来帮助自己保持简洁的核心问题：

● 我现在做的或将要做的事情与我或我的团队的任务是否一致？

● 现在我能专注的能让我朝着完成目标的方向前进的最重要的事情是什么？

● 这个理念或新项目符合"契合、重要性、时机、简洁"模式吗？

● 为了更高级别的理念，我可以拒绝这个理念吗？

● 这个过程值得先破后立吗？

我也会采用艾森豪威尔决策矩阵，以确保自己最终选择重要的任务而非只是紧急的任务。这个矩阵考虑了任务和项目的紧急性和重要性。尽量选择以下一类任务和二类任务，暂时不管三类任务和四类任务。

● 一类任务：它是紧急的，也是重要的。

● 二类任务：它不是紧急的，但却是重要的。

- 三类任务：它是紧急的，但不重要。

- 四类任务：它既不紧急，也不重要。

训练你的专注力

一起训练专注力的团队，更有能力做到极度简化，从而追求卓越。这种训练是什么样的？每次开会前，我的团队会一起做五分钟盒式呼吸。这个技巧既简单又有效。当你专注于呼吸方式时，盒式呼吸有提高专注力和管理压力的双重作用。如果刚开始觉得五分钟有点多，那么花费一分钟也很不错。我把这个方法传授给了沃尔玛的国际管理团队，他们当时正在寻找创新理念，以应对自己所承受的持续不断的压力。能看到高管层对这些练习呈现出越来越多的兴趣，我非常高兴。

专注力包括四个要素。第一个要素是有目的地专注于有用和重要的事物。这是指你寻求的结果，也就是你想要或需要去关注的东西，它们符合"契合、重要性、时机、简洁"模式，属于艾森豪威尔决策矩阵的一类任务和二类任务。想要脱颖而出，就要对自己的目的一清二楚。

在聚焦于期望中的目标时控制自己的注意力是第二个要素。以驾驶打比方，若目标是终点，那么注意力控制可以保证你驾驶在正确的道路上，直奔终点。

第三个要素是提高集中注意力的持久性，以便你不会因为分神偏离道路或撞车。持久性就是汽车的定速巡航功能，能保证你通过长时间深度工作来实现期望中的目标。

第四个要素是定期休息，以恢复和补充能量。将注意力始终集中在对你最有价值的目标上绝非易事，你需要不时休整，然后当你重整旗鼓、加速前进时，你将拥有更多能量和更强的意志力。

换句话说，你要训练自己变得专注，同时避免精疲力竭。

我有种用来恢复精力的方法，叫圆圈日。那就是把你计划进行高强度或深度工作的日子圈出来，这样的工作需要你集中注意力。然后努力保护这个时间，你甚至可以到与平日不同的地方工作，比如家里、合作办公的地方或咖啡馆。在此期间，杜绝所有电话、会议或其他让人分心的事情，关掉手机，并将它放到背包最里层。

圈定的时间可长可短。在该书写作过程中，我发觉写作灵感衰退，因而圈定数周去犹他州和夏威夷州工作，这同时能让我很好地休养、调整。我会保证每周至少两天用于深度工作，保证不错过圈定的日子，除非那周用来做其他创造性工作。

有人则发现，圈定一天中最初的几个小时做创造性工作很有用。你需要找到最适合自己的时间计划表。卡尔·纽波特在《深度工作》一书中详细讨论了这些创造性习惯。管用的计划就是好计划。在公司里，开放式的大工作空间往往会导致人们注意力不集中。你可以帮助你的团队保护他们的时间：在强制圈定时间内不得使用电话或社交媒体，在完全沉默的环境下深度工作。如果时间允许，公司务虚会是深度工作的有效方法。在午餐和睡前时分，做一次数字节食，远离邮件或其他社交媒体，让大脑静下来、沉下去。

武士道之道

我受邀去日本富士通公司工作了几年。富士通是一家市值五百亿美元的电子工程公司，被誉为日本的IBM。这是一家巨型官僚机构，然而公司的管理层已经意识到，易变性、不确定性、复杂性、模糊性正在促使他们充满好奇心和求知欲，推动他们的发展。我所在的部门是位于硅谷的一个特殊创业发展部门，名为开放式创新门户。

莫西·艾哈迈德创立开放式创新门户的目的，是将企业家精神的最佳范例引进富士通。艾哈迈德对富士通如何发展甚为好奇，想知道他们如何让领导者在充满易变性、不确定性、复杂性、模糊性的局面下泰然自若。

日本文化中的恐惧之狼包括维持现状，他们称之为保留颜面。而企业家精神的精髓就在于打破现状，因此在日本企业中，很难培养企业家精神。但是，他们可以通过训练克服偏见。艾哈迈德知道，在官僚文化中发展创业型领导者，可能很具挑战性。因此他从组织中寻找具有创业潜力的年轻领导者，教他们如何变得更有求知欲，更有创新精神，以及如何以简驭繁。

艾哈迈德研究了现存的一些具备创新文化的组织，比如谷歌实验室、洛克希德·马丁的臭鼬工厂、风投界的孵化器，以及海豹突击队。他总结了这些组织创新文化的最佳做法，用以支持其开放式创新门户。他采用了模拟的概念，将他的所学不断打磨锤炼，以便与富士通的文化相融合。

他也利用了日本武士的遗产。

海豹突击队的灵感来源于斯巴达人，艾哈迈德则从日本武士中汲取灵感。卓越、创新和简洁已纳入了被称为武士道的武士行为准则中。我曾在自己的禅宗训练中体验过武士所强调的初心：你的心灵就像一个杯子，你需要清空这个杯子，摒弃心中的旧有思想，这样一来，你才能持续学习，不断进步。否则你将深陷僵化的信念中无法自拔。武士精神有助于培养灵活性和求知欲，让创新水到渠成。

对于这些理念，艾哈迈德深为赞同，并将它们纳入了开放式创新门户的行为准则中。至于简洁，他决定让其组织保持小而灵活的状态：员工不到四人，愿景简单清晰。艾哈迈德这样阐述他这个特别任务小组的愿景：在开放式创新门户，我们专注于目的明确的创新。我们将此方法称为"明智的创新"。我们期望帮助客户和合伙人更明智地进行快速创新。卓越是关键，它不仅意味着把事情做好甚至做完美，还意味着要远超预期。在我们的团队中，卓越即意味着视野所及已被扩展。开放式创新的关键是持有开放的思想。知之非艰，行之维艰，这需要一生去彻底理解。具有开放头脑的人须知晓：自己所知有限，也非无所不能。但这并非自我否定，只有时刻保持谦逊，我们才能超越自我认识，接受新观点。

当开放的思想在盒子上冲出小孔，盒子中的我们就能跳出固有思维。要实现这种思维上的突破，我们需要具备求知欲。而求知欲就是重新认知的驱动力，它推动着我们去探索新大陆。在开放式创新门户，我们能通过求知欲找到力量，我们可以探索新想法，和其他人共同创造新的可能。求知欲带我们来到未开拓的新领域，创新在这里茁壮成长。"我总是好奇……""那是不是有些东西依稀和……相似""我在想如果……，会发生什么？"，这些就是创新的语言诱因。

那种思维在开放式创新门户产生了创新的火花，但那些火花也很容易熄灭。

复杂性的加入会让创新的最初愿景变得模糊。扼杀卓越的因素，可能是想要对所有人都有用的新功能设想，也可能是错综复杂的企业流程。要消除这些隐患，必须坚决地贯彻简洁原则。

任何新观点、新产品、新服务、新思维方式，甚至一个新承诺，都与现有结构和过程格格不入。这种错配是跳出思维定式的必然结果，人们经常强行把新东西塞进现有框架里。人们也经常将新事物进行多重转换，以便使它看起来与原有事物在表面上相去不远。但这么做只会磨灭甚至摧毁新事物的优美和简洁。

简洁不仅让创新的思想和方法更容易落地，也有助于保持创新的庄严、纯粹性、完整性、可测试性，这至关重要。新不代表好，所以新理念需要经过测试，其效果才能见分晓。

在开放式创新门户，每个新理念都会在一个简单的原型中充分体现。然后，他们会用真实客户测试原型，而客户很可能从中受益，让自己的问题得到解决。如果原型体现的理念被埋在层层复杂性之下，那么当测试它的市场接受度时，得到的反馈只会与围绕在创新性周围的复杂性有关，而不是与理念本身的简洁有关。对于开放式创新门户而言，简洁不是可选项，而是必选项。

开放式创新门户的徽标是一个禅宗样式的书法圆圈，圆圈的一笔一画与其使命息息相关，整个徽标寓意深远。

艾哈迈德将我的观点和他的精英团队进行了分享，而我对不同文化如何实现卓越也有了宝贵而深刻的理解。他让我明白，不以简洁为基础的求知欲和创新都是镜花水月，求而不得。他山之石，可以攻玉，其他文化也值得我们好好借鉴。

和鲨鱼共游

忽略自己的博士身份和兼职教授的社会地位，我决定全身心扑在我的生意上。我想把"NavySEALS.com"的业务从在线销售，转型为提供训练服务，比如训练参与者的钢铁意志、领导力和团队合作精神。为此，我参与了项目竞标，并赢得了一个政府合同，项目内容是为全美范围内的海豹突击队备选队员提供指导。海军需要增加海豹突击队员的数量，因此他们相信，其中一个办法就是提高前来应聘的备选队员的质量，进而提高此后在基础水下爆破训练中达标的人数。后来也的确提高了百分之五左右。

我的公司是由主承包商聘请的分承包商，负责设计、启动和管理项目方案，这个项目叫作海军特种作战导师项目。项目由我设计，我拟订好计划，召集了36名前海豹突击队员，让他们留在招募地区和特种部队备选人一起行动。这支新队伍立即忙起来，为下一次海豹突击队员的选拔做准备。

原本五年的合同才过了不到一年，项目团队已远超最终客户，即海军招募司令部的期望。然而此时，我却将这个合同输给了强大的、市值数十亿美元的黑水公司，这家公司由另一名海豹突击队员拥有。后来我被告知，黑水公司的创始人认为他的公司早应该赢得最初的合同，像我这样的暴发户，根本就没有和黑水公司在同一个企业界水域中游泳的经验。在这个企业界水域中，<u>鲨鱼遍布，危机四伏</u>。

政府承包的世界对于我来说是一个巨大的未知世界，但我很快认识到它是多么无情。黑水公司向主承包商发起了挑战，声称他们早已过了小生意的年代。主承包商在挑战中败下阵来，然后我就丢了合同。黑水公司和它的领导者善用权势，手段高明，而我就是被鲨鱼吃掉的小鱼。

一些顾问认为其中必有诈，我应该反击。当时我正练习冥想，也在接受心理治疗，因此我借用它们来帮助我进行决策。我不想自己出于害怕而制订应对策略，这种策略在过去效果不好。因此，我回到禅座上，苦苦思索这未知的前路。直到几天后，我有一种强烈的直觉，从长远来看，和黑水公司对抗没有出路。不仅如此，我也应该跳出政府承包项目。我感觉自己应更具创新性，而且我在商业领域将有更大影响。

丢了千万美元合同后的第三个月，我将自己的公司更名为SEALFIT培训中心。我将以一种新方法训练海豹突击队备选人和其他特种部队备选人，这在以前的官僚主义的束缚下是无法做到的。我将专注于帮助备选队员成长，不仅包括身体方面的成长，也包括领导力和团队特质方面的成长。我想象着将一些技能进行融合，这些技能曾对我的个人发展产生过巨大的影响，包括禅宗、武术、瑜伽，以及改善个人工作效率、精神状态与情绪状态的训练方法，这些方法在海豹突击队中从未被正式教授过。

我从自己崇拜的创新者身上寻找灵感，也从自己早期的失败中吸取经验。2007年，当我启动SEALFIT培训中心时，我已经具备本书中讨论的大部分品质。在人类潜能和发展领域，我是一名如饥似渴的学生，竭尽所能学习所有与身体、精神、情感、直觉和心灵有关的知识。

我的首个产品是一个寄宿制训练中心，它借用斯巴达勇士和少林僧人的训练方法。特种部队的备选人会作为学员住在训练中心，一次培训为期30天。在大部分时间里，学员每天的训练时间是早上六点到晚上十点，有时则昼夜不停。在很多年里，这个中心一年举办四期培训班，均大获成功。在这里受训过的海豹突击队备选人和其他特种部队备选人，入伍后的生活都一帆风顺，外界也开始关注这个训练中心。但对我来说，因为其他生意也同样耗费精力，我开始感觉精疲力尽，恨不得复制一个自己来打理事务。换句话说，当事情变得越来越复杂时，我的直觉告诉我，必须再次简化。

这意味着我必须创造出一种可持续的、可拓展的业务模式——一个不那么依赖我的模式。我决定用我的方法训练教练，并对他们进行认证，这要求我将教学内容进行简化，让其变得清晰。现在的课程是一系列短小但更具挑战性的渐进性内容，全部由认证的教练教授。学员在继续发展的道路上，由这些教练跟踪并引导进程。

基于我在培训特种部队人才方面取得的成功，许多企业家和首席执行官也邀请我去他们的公司提供培训。为了不削弱体验的效果，我再次革新，为新观众重新演绎训练原则和训练工具，这就催生了畅销书《战无不胜的大脑》，以及同名的纵向成长项目。我用的原则就是：持续推动团队进化、演变，并简化任务，以应对充满易变性、不确定性、复杂性、模糊性的世界。丢掉那个政府合作项目十年后，我的生意欣欣向荣，客户不仅包括美国政府一家，而且包括成千上万的特种部队指挥官、企业家、首席执行官，以及许多运动队和企业团队。当我们为实现自己的卓越而努力奋斗时，创新会带来持续的推动力。

接下来，让我们看看品质六——韧性将怎样确保你在生意上和生活中保持活力。

求知欲、创新和简洁

和前面的练习一样，做好思想准备，然后通过下列练习来进行规划，以便让你的卓越程度更上一层楼：

1. 对能刺激自己头脑的新事物保持求知欲，锻炼头脑的"创造力肌肉"。列一份清单，列出自己有兴趣学的内容，比如写作、绘画和即兴表演等。然后通过"契合、重要性、时机、简洁"模式，将清单上的条目缩减为一个，使它与现在的你最为契合。现在来规划如何深入学习新事物：上个学习班，找个导师，买本书等。

2. 记录创新点子。每天早上醒来，写下五个新想法。它们之间可以毫不相干，也可以符合你想引入、发展或创造的单一理念。尝试从多角度看问题：由内而外，逆序，上下颠倒，从另一个维度等。

3. 保持简洁。想一想：你可以削减、消除、卖掉、捐掉或卸载掉的东西有哪些？

品质六

韧性

直视对障碍的恐惧。

马库斯·鲁特埃勒和他的双胞胎兄弟出生在得克萨斯州的休斯敦，这两个粗野调皮的孩子自幼年起就立志加入传奇的海豹突击队。在14岁那年，他们找到了一个导师。在之后长达四年的时间里，他们跟随导师每周锻炼身心，希望成为值得海豹突击队关注的那类人物。

靠着专注、投入和勤学苦练，鲁特埃勒展现了坚韧品质，这正是海豹突击队员所需要的。兄弟俩在18岁时加入海军，很快就进了海豹突击队226班。

训练刚开始，鲁特埃勒就倒在了障碍前——他的大腿骨骨折了。对多数人而言，这意味着游戏已经结束了，但他顽强地挺过来了。骨折痊愈后，他获准到228班重新开始，九个月之后顺利毕业。两年多的训练为他赢得了海豹三叉戟。

鲁特埃勒的第一次战斗派遣去的是伊拉克，在那儿，他仔细观察经验老到的指挥官，大量汲取知识和经验。为了赢得队员的尊重和信赖，他工作认真，沉默寡言，眼观六路，耳听八方。他领悟到，名誉就是能在海豹突击队里畅通无阻的货币。你是不是一名好的指挥官？你是否每天都能赢得你的海豹三叉戟？海豹突击队员知道，你可能擅长行动和战术策略，但依旧只是个一流的浑蛋。因此，最优秀的领导者在挑选指挥官时，会要求技能和性格两手硬，而鲁特埃勒很快就进入了他们的视野。

遭遇挫折时，比如当他大腿骨骨折时，他的应对方式让他更加强大、更加优秀。本章内容与韧性有关，韧性是一种能够成就更优秀人才的品质。人生中的障碍无处不在，正是这些障碍让你变得更有韧性。"障碍就是道路"，这是瑞恩·霍利迪的说法，我和众多海豹突击队领导者都认同这个说法。障碍能成为你的性格进化之路和你的全面升级之路。

鲁特埃勒在军队生涯中经历过许多挫折，这些挫折屡屡证明了他的坚韧。

2005年，鲁特埃勒作为高级军士长被派遣到阿富汗，与其他三人组成了一个侦察小队参与"红翼行动"。小队的任务是确认"基地"组织一名高级指挥官的位置，以便有条件时实施抓捕。他和三名队友被投放到崎岖的山峦深处。

"基地"组织成员躲藏在一座山谷中的小村庄里，四周的地形十分陡峭。他们不顾当地人的意愿，将此处作为行动基地。鲁特埃勒和队员被送至目标外围，与村庄有些距离，他们徒步潜伏进入，设立了一处观察哨。

四人小队正按照计划有条不紊地行动，突然毫无征兆地，两个十几岁的牧羊人出现在他们眼前。四人小队距离牧羊人较远，无法控制住牧羊人，但知道他们可能会将自己的行动泄露给"基地"组织成员。这让四人小队处于一个道德两难境地：是杀死牧羊人，以防止自己的位置暴露，还是放他们走，并祈求好运？牧羊人是手无寸铁的非战斗人员，杀害他们是违背《日内瓦公约》和美国军方协议的，因为这两个条款中都有关于禁止伤害未武装平民的规定。然而，在这场奇怪的战争中，孩子甚至也常常被视为战斗人员，因此四人小队考虑过击毙他们的选项。但如果他们杀死孩子，那么回国时一定会有人对他们问责，但也可能会有不少人为他们争辩，说保护任务和自己的生命才是正确的选择。

时间嘀嗒嘀嗒地流逝……

当这个小队中的人还在左思右想时，孩子们已经掉头逃跑，他们像雄山羊一般冲下了山。海豹突击队员们的装备过于沉重，无法追上他们，事到如今也无力阻止了。鲁特埃勒和队员们只能任由他们离开。

这是一个致命的决定。

行动无疑失败了，他们只能尽快赶往撤退点。很快，他们被敌人从山的三面包围。重机枪和火箭筒向他们咆哮着，迫击炮炮火呼啸而来。枪林弹雨中，四名海豹突击队员只能利用有利地形，抵抗蜂拥而至的敌人，仅剩的优势就是他们受过最专业的训练。鲁特埃勒能得救，多亏了平时的训练。

可是他的队友们没能得救。

海军上尉迈克尔·墨菲是这次任务的领导，他试图呼叫快速反应部队增援，但因为队伍所在位置被山体环绕，无线电信号无法发送出去，他们孤立无援，只能靠自己杀出一条血路。而黑暗马上降临，事态将更加复杂。

绝望之际，墨菲冲向高地，用卫星电话求救，将自己直接暴露在炮火之下。他完全能预见后果，但依然视死如归，希望通过牺牲自己，换来队友的一线生机。墨菲上尉中弹了，很快海豹突击队员丹尼·迪茨和马修·阿克塞尔森也先后倒下。快速反应部队终于前来救援，但直升机在靠近时，悲剧发生了，飞机被火箭炮击落，机上人员全部阵亡。这次行动从极为不利的局面，变成了彻彻底底的灾难。

队友们的阵亡，让鲁特埃勒心如刀绞，可他还得继续为生命而战。他被子弹击中，从山上翻滚着跌入山谷。岩石和各种物体被炸得四散，一枚火箭弹在他身边爆炸，他被弹片击中后失去知觉。清醒之后，天色已变得漆黑，周遭一片死寂。所幸敌人没能发现他，他们以为四人都已死亡，想着等天亮再来找寻尸体。鲁特埃勒有伤在身，但还不致命，因此他设法下了山，希望能找到一个更好的藏身之所。

他撞见了一个普什图人。这个部族的习俗是，帮助有需要的人。他们将此作为自己的责任，并以生命为代价来维护他们的这种责任。这个村民决定帮助鲁特埃勒，他冒着失去自己生命和家人生命的极大危险，将鲁特埃勒护送到村里，并藏匿好，不让"基地"组织成员发现。

村民设法通知美军，传递了这里藏着一名受伤的美国士兵的消息。几天后，一支美国陆军游骑兵先遣队在击退了一伙正挨个敲门找寻鲁特埃勒的"基地"组织成员后，找到了鲁特埃勒。

电影《孤独的幸存者》就是改编自鲁特埃勒对这场事件的描述。海豹突击队员在历史上从未有被俘的记录，因此当我们接到鲁特埃勒被俘的报告时，所有人都瞠目结舌。而当他活着回来的那一刻，大家无不松了一口气，内心大喊"天啊"，连失去其他伟大队友的悲伤也被冲淡了少许。

海豹突击队希望他能办理病退，结果他强烈反对，他说自己在部队还有事情要做，还要和队友并肩作战。这就是他恢复过来的方式，他将以其与生俱来的韧性继续前行。

海豹突击队同意了，他回到战场上，肝脏受伤，脊柱骨折。最终，海豹突击队不得不违背他的意愿让他病退。如果他能自行决定，那么他一定会战斗至今。

鲁特埃勒此后一生都在缅怀在那座山顶上失去的战友。他写了书，在电影中扮演过角色，成立了"孤独的幸存者"基金来讲述他们的故事，并资助陨落英雄们的家人。

在他人生旅途的每个阶段，无论环境多恶劣，这位有韧性的勇士总是积极而正面地回应，从不放弃。他有着勇往直前的精神，所有的挫折都只能让他更强大。他体现了韧性的三个特质：适应性、弹性和灵活性。下面让我们来一一分析。

适应性

中村忠在黑板上写道："倒下七次，站起八次。"他用蹩脚的英文阐述了一个漂亮的哲理。

他所传递的意义远比字面上体现的精妙。关键之处不在于倒下后是否应该站起来，而是你怎么站起来。

你在生活中是否经常"倒下"？倒下后是否没有什么反应，或只是胆怯地站起来，而没有快速适应新的现实？我曾经如此，而这就是常见的反应。我们会对自己说：天啊，这是怎么搞的？为什么发生在我身上？而且其他人好像有点幸灾乐祸，仿佛你倒下了，坏事就饶过了他们。

消极对待失败，会导致事态更不稳定，让局面更加恶化。有时要过好些年，你才敢回顾往事，才敢说失败没有让你沮丧，而是让你更强大、更明智。

不是说这样不行，但这不是一种有韧性的反应方式。有韧性的人可以直视因遇到障碍而倒下的恐惧，训练自己重新站起来，积极地、正面地回应失败。你可以像鲁特埃勒一样，寻找机会，将坏事变为好事。倒下七次，站起八次——更强、更好、更有能力，在困难中学习一切，这就是适应性。

弹性

但是如何才能练就适应性呢？一个方法是练习弹性，有了弹性，你便能反复伸缩。

学着像一根橡皮筋一样伸缩，当拉伸过长时，也能快速复原，但每次伸缩后都要让自己变得更强而不是变得更弱。

例如，鲁特埃勒在基础水下爆破训练中因为绷得太紧而受伤，但他快速恢复了，而且很快就毕业了。受伤后，他只能从头来过，但他能接受并适应新的现实情况。只有清楚自己能拉伸到的极限长度，一个人才具备迅速恢复的能力。正如麦克雷文对他的队伍的教导：你必须检查红线的位置，知道哪儿是危险区，哪儿过度拉伸可能导致严重问题。有韧性的人知道边界在哪儿，并朝着边界移动以拓展领地。如果出现问题，那么他们不会扮演受害者，而是承担全责，从错误中学习，以便尽快回到正轨。他们不断探索新的可接受的边界，容许小挫折的存在，吸取经验，为下一次测试重新设定新界限。

这是努力与放松、推与拉、阴与阳的平衡练习。在现实生活中，你会被市场、竞争对手和组织从三个不同方向牵引着，也会被这个充满易变性、不确定性、复杂性、模糊性的世界拉伸着。问题在于，你能做到努力学习，失败却不失优雅，并且迅速从失败中恢复吗？把你和你的团队训练到具有那样的弹性，这件事十分有价值。

弹性与长期坚持有关。它意味着你要进行反复的日常练习，在略微超出你能力的界限外练习，之后再回到能力范围内以重新实现平衡，而不要像条橡皮筋那样"啪"的一声断掉。每次多伸长一点，恢复时，你就会变得更强。

灵活性

当挑战像连珠炮一般迎面而来，你展现的应变能力和调整能力就是灵活性，它与弹性相关。在海豹突击队，我们创造了一个新术语"永远灵活"，这是对我们海军陆战队兄弟的致敬，他们的座右铭是"永远忠诚"。冈比小绿人是一个柔软的玩具，你可以把它扭来扭去，做啥都行，但它只要费一点儿力，就能回到正常的形状。在多数日子里，我也像这样。

鲁特埃勒一生都在战斗，他保持永远灵活的风格，为达目标，不断适应、调整和改变。海豹突击队员在某个时期会在城市的环境中行动，在此后的一年可能会在严冬冰冷的山里行动，几个月后又可能出现在印度洋中部。你的生活和职业生涯看起来则不会太不同吧？

灵活性会让你像冈比一样，可以快速调整和改变。

持久性

与灵活相对的另一个极端是持久性，它意味着即使形势不利，也要迎难而上。我们当然希望自己心如磐石，坚不可摧，但生活常常不尽如人意。因此遭遇重挫时，你和你的团队也需要变得高效。

你公司的关键项目负责人或专题专家可能会跳槽、生病、休探亲假，或因其他原因而缺席，但你不可能让整个团队因此停下来，你必须快速填补空缺以推进整个团队的工作。在海豹突击队，我们为团队人员和设备都做了储备。虽然我们努力训练，避免在行动中丢失或损坏装备，但也要做好装备丢失或损坏的准备，并且要准备好即使队员受伤或阵亡，依然能继续完成任务。按照"二就是一，一就是零"的持久性原则，我们总会做好备份：备份装备、备份技能、备份计划。

对于处在充满易变性、不确定性、复杂性、模糊性的世界中的企业团队，这种持久性至关重要，它有软硬双面性。

面对充满易变性、不确定性、复杂性、模糊性的局面，你的团队应该像巨大的橡树一样立场坚定，同时又要像芦苇一般能自由弯曲、随风而动。芦苇能在一场大暴风雨中存活，然而橡树却可能被连根拔起。

态度

在SEALFIT培训中心，我们会对之前所述的四个主要技巧进行严格训练：通过呼吸抑制冲动，通过提高集中力、实现小目标以及进行可视化练习来控制注意力。但若你持有消极态度，不论练习有多努力，结果都会毫无效果。这场战斗的上半场是完成控制，下半场是直视喂养勇气之狼的恐惧。一人消极，会拉全队下水。

因此你必须喂养勇气之狼。领导的态度在此绝非陈词滥调，而是重要的训练元素。领导者的消极思维和消极情绪能量，是明显而紧迫的危机。团队必须用正面的沟通和积极的情绪所产生的能量，喂养勇气之狼，以释放被消极力量抑制的潜能。

你的团队是否有"行"的态度？或表面之下暗藏的是"可能"还是"不确定"的态度？团队文化是乐观向上、积极而正面、相互支持，个人胜利就代表团队胜利，还是存在竞争，即"我赢你输"或"你是你，我是我"？当出现障碍时，他们必须直视输掉或倒下的恐惧。团队胜利就是你的胜利。

我看过很多团队，他们旨在表现出色，却被消极态度拖了后腿。消极态度可能缘于高度竞争的文化。坚定的个人主义和西方的商业文化中所盛行的竞争有多种消极作用。你必定也感同身受过：哪怕就一人表现得自我、消极，都可能摧毁全队士气，如同一个烂苹果会让整筐苹果都加速腐烂。因此，对待消极队友要谨慎小心，要从我开始，杜绝害群之马。

消极文化观念会表现在很多方面，包括但不限于以下几种：

● 让遭遇失败的人感觉自己很失败的那种竞争。这种竞争会让人认为，自己之所以失败是因为自己不合格，或具有不够好的情绪反应。要培育能引导成长的竞争，即合作性竞争，是颇费功夫的。

●在团队成员背后说长道短或妄加评论。

●制造令人恐慌的、小题大做的和令人失望的失败。

●独裁式领导，或主宰文化和对话的领导者。

●成员之间或团体内部存在消极情绪、内疚情绪、羞耻感、责怪行为或质疑行为。

●不恰当的语言，比如使用"本应该""应该""本应""本打算""不能"之类的词语。

●在工作场所的低能量或沮丧感。

就上述最后一点而论，在大的官僚组织所营造的消极环境中，往往有例可循。但在消极环境下，也并非人人都消极，若你身为组织中的一员，请勿对号入座。在此谨作提示：若领导者和队伍想要尽善尽美，必须先安定内心，后稳定团队，消除所有消极因素。

在特种部队中，优秀的领导者需要积极而正面的心态。领导者应清楚，若在训练中带着消极心态，会给团队带来不良的影响，并且也应该清楚如果自己还想留在团队中，就必须改变消极的心态。消极的心态会削弱他人对领导者的信任和尊重。

提高适应能力的关键是积极而正面的心态和情绪状态。毕竟，当一切顺利时，你很容易做到一切都是彩虹和玫瑰，就像海豹突击队教官说的那样："无风无雨的蛙人，谁都想当。"但出师不利时，我们不妨看看心态能带来什么改变。乐观而积极的心态的力量，不能被低估。

研究表明，人类天生就对消极情绪更敏感，这被称为消极偏见。刻薄讽刺的新闻媒体和许多电视节目及电影，让"外面的一切"看起来都是消极的。是的，那些确实很搞笑，但观看这种消极幽默反而加强了人们的消极思维，加深了人们的消极情绪，并给大众制造了一种阴暗心理。

你需要极力对抗消极。

喂养勇气之狼后，你会拥有乐观心态和同情心。抱有一线希望的态度，永远是我们在失败和危机中吸取的教训之一。你的玻璃杯是半满还是半空，这取决于你是乐观还是悲观地看待它。不论遭遇了什么，乐观精神都不可或缺，你要坚信未来，并坚信团队能完成任务。只要留给团队时间，相信凡事都有解决方案，易变性、不确定性、复杂性、模糊性会影响团队行动，但我们终究会克服这些困难。精英队员有坚持不懈的乐观精神，会用积极而正面的格言来传递乐观。当灾难不可避免地来临，精英队伍的回应是："我们能行，小意思，万岁！"翻译过来就是："很好，我们需要吸取教训。"现在，我们更加目标清晰也更加态度坚定，继续前进吧！

这种心态调整是另一种日常练习，需要你关注内心活动和情绪状态，做到精益求精。

关于团队

培养韧性的另一种方法，是对队友的目标和需求提供真诚而积极的关注。有两种实现方式。第一种也是最好的一种就是真心关心并照顾队友的健康。

不幸的是，以我的经验，人的天性本自私，真心关心他人实属罕见。因此我们可采用第二种方式，即在团队文化方面强制执行一些规定。在海豹突击队中，我们坚持每人都要检查队友的装备，在行动前后各自整装完毕后，询问队友还有什么可以效劳的，并提供协助。确认他或她准备就绪后，我们将注意力转向自己的装备，队友会帮助我们。甚至在此之前，我们会确认队伍的通用装备已就绪。这样，优先次序是队伍第一、队友第二、自己最后。当把这种实践带入到你的团体中，很快这支队伍就会照看好你的装备，询问有什么可以效劳，让你更轻松。当全队都以彼此为后盾时，这会激发出最大效率。当队员们体验到彼此能互惠互利时，那么自私自利的心理就会烟消云散，队员们所做的一切都出于本心，而非为了交易。

帮助他人会培育出信任、尊重和善意。

这是一种强大的练习，需要从"以我为先"的观念转变为"先大我、后小我"，以队友为自己的后盾，团队表现将因此大为改善。经常看着队友的眼睛，真诚地说"一切有我"，这会增强团结的感觉和彼此关爱的感觉。你知道有多少团队成员可以做你绝对可靠的后盾吗？或者有多少团队成员能以你为坚实后盾？这能很好地检验团队的适应能力。

当你关注他人，带着"我们一同承担""你的痛苦不亚于我的痛苦""有益于队伍就有益于我"的态度，整个团队都将受益于正能量和乐观心态，由此形成的良性循环会让众人感受到更深的信任、尊重和关心。

幽默

身处危难时刻，我建议用积极而正面的幽默来化解。我曾亲眼见过这种态度养成的过程。最好的团队会在最悲催的情形下依然保持幽默感，让正能量得以再次流动。真诚的笑声是不花钱的灵丹妙药，笑声带来的氧气和积极性是非常强大的疗愈组合。

我刚来海豹突击队时，不懂什么叫幽默。年轻的时候，我的幽默多为讽刺挖苦，消极而刻薄。而今，我不得不向队友们学习如何用幽默表达积极而正面的情绪。最终，哪怕事情糟糕透顶，我也能保持最好笑的模样。善用幽默的人非常清楚，幽默不但深刻影响着团队，也在自己身上留下了正能量。

在一些处于第一、第二和第三稳定状态的文化中，幽默可能偏于不适宜。要当心这种可能性，你要使用充满正能量的幽默，而不是嘲讽或使用低俗笑话。

所有这些态度，都要求你真实地了解自己，有自知之明。正如我在本书中不遗余力反复强调的那样，消极或丧气的模式会让你做出带有偏见的反应性行为，要摆脱这种模式，你必须直视恐惧。带着这种心理包袱进入团队，团队成员们也不会对你报以信任和尊重。负面的条件作用将摧毁韧性。仔细想想，你是不是团队里主要的事端制造者？你是否参与了负面的流言蜚语？是否没人能理解你的问题，或在无尽重担下你是退出的那个？是否没人能理解你的痛苦感受？还是你认为队伍缺你不可，因此他们最好对你好点？这种恐惧之狼的想法让团队停滞不前。

如果你是制造消极的人，那么你可能第七次倒下，而没人再帮你站起来。

自我认识训练会让我们避免妄自尊大，从而养成谦逊的品质。呼吸和正念训练让你认识到，在某种程度上，人人皆有价值，人人皆息息相关。少制造事端，不再困于自己的故事，比如真心关心队友，会为你开启更多可能性。当你不再自恋自大，团队便更彰显其重要性。

自我认识练习让你意识到，你的世界不是全部，你要克服被击垮的恐惧，克服越过障碍的恐惧，克服成就完美的恐惧，克服要成为强者的恐惧。

别再将失败感受个人化，挫折可能无法避免，但你不是无能的失败者，你不该因此而羞耻、内疚或自责。别再用你的经历、你的作为，甚至你的重大成就来定义自己。不以结果论英雄，而是欣然面对成长历程。下一个危机将成为你的老师，它将是另一次探索智慧和韧性的机会，通过它来培养幽默感，将挫折抛在脑后吧！

暂停、呼吸、思考、行动

适应性不足会使人们产生与韧性相反的心理——脆弱。当适应性不足的团队和个人遇到困难时，他们会不假思索地做出条件反射，拒绝拥抱因为障碍而开启的潜在机会，拒绝面对新现实，不进而退，进而变得越发脆弱。集体性的悔恨会导致整个团队崩溃，从而让团队成员们停止挣扎，陷入麻木状态，最终这种脆弱的反应会被不断强化，成为恶性循环。

要避免脆弱，则要以韧性回应。当障碍显现，立即执行以下四步：

1. 暂停：无论在做什么、想什么，先暂停一会儿。当暂停成为习惯，脑干的恐惧反应就会停止，额叶皮层便开始运转。额叶皮层是大脑进行道德推理的地方，也是大脑储存过往经历和训练历程的地方。暂停并深呼吸几次，为大脑这块区域供氧，避免因为反应性思维让机会溜走。

2. 呼吸：深呼吸，让身体和情绪得以控制。

3. 思考：观察当下状况，包括受影响的人、事、计划。依照以往所学，适应新现实，并设计新的行动步骤。

4. 行动：确定下一次动作最小但影响最大的行动，采取行动，之后评估行动结果，并重复整个过程。

暂停、呼吸、思考、行动，这个过程可以消除疑虑，让你克服一个又一个障碍。

保证行动是可预见的，并且将行动控制在小规模范围内，这有利于团队重整旗鼓。对行动的反馈有助于团队信心十足地前进，逐步恢复势头。你的团队现在已经展现出韧性，有如风平浪静之后的那丛芦苇，当它从淤泥中重新浮出，会变得更强大。

暂停、呼吸、思考、行动，这就是你要做的练习。

坚持不懈

坚持是指一个人在面对长期的环境变化以及外界不确定因素的情况下，培养自身持久性的过程，这种持久性会让你始终坚持不懈，永不放弃。坚持意味着你从不放弃专注和积极性。有些海豹突击队员在训练中表现很出色，他们聪明而且意志坚强，展现了很好的身体技能，有机会成为精英队伍的一员，但却在某一个感性时刻失控并放弃。你一定不想那样。

坚持不懈要求你能控制自己的情绪。

情绪的力量能摧毁你的梦想，也能带你走向巅峰。它们或拖你陷入绝望和沮丧，或带你飞跃至高处，达到人生顶峰。如果你缺乏情绪认知和自控力（许多人都缺乏），那么现在正是训练它们的时候。

当一个人的情绪处于消极状态时，他对外界的回应往往会很糟糕。这样一来，连他的信誉都会崩塌。当我在科罗纳多酿酒公司董事会前失去冷静时，我的信誉备受质疑，也许你也有这种后悔时刻。情绪是重要的生活调味品，我们不用压抑或否认情绪，但有时我们必须控制情绪，将其变为正能量，利用它激励团队。这时就需要我们学会正确表达情绪。

许多人非但没有学习如何进行正确的情绪表达，反而通过数字产品来分心，用抽烟、喝酒和锻炼去应对消极情绪。这些都是抑制情绪或否认情绪的做法，会阻碍你成为真诚领导者和好队友。如果具备了情绪认知能力和情绪控制能力，那么你就能阻止并改变消极情绪。

愤怒、焦虑、嫉妒或不满足感如果不受控制，那么它们就会让你在别人眼中显得无能，让你感到自己无用，甚至让你失去自信和团队成员对你的信赖。精英团队决不容许这些消极情绪存在，精英团队要求个人对情绪必须有很强的认知能力和控制能力。那些被抑制的或投射的情绪能量会推动消极的条件反射，比起诸如勃然大怒之类的原始情绪表达，它们有时可能更为有害。早先我曾说，不是只有坏人才有负面的条件作用，我们多多少少都有。但如果我们想变得真诚而坚韧，就要了解负面的条件作用，并设法将它驱逐。

心理治疗对领导者非常有价值，而与正念结合的治疗更值得推荐，这样可以帮助领导者建立情绪认知并进行熟练的情绪控制。正念练习通常是单独练习，也可以进行团队练习。许多组织将这种宝贵的技巧引入了工作场所，我也推荐你这么做。

如何与团队共同进行正念练习

每天至少抽出五分钟的时间和你的团队一同进行正念练习。让他们闭着眼睛静坐，注意呼吸，只观察或注意自己自然而然产生的念头和情绪，保证心无旁骛。其理念就是观察念头和情绪，必要时做标记，然后让它们像天空中的云朵一样飘过。此后，你们可以分享自己的见解和遇到的挑战。其目的是让团队习惯于共同练习，并对自己的消极模式有所觉察。

这种练习对压力管理和健康的好处有据可查，而且当你的主要消极情绪从无意识进入意识可觉察的范围时，你对消极情绪的认知将越发深刻。然后，将自己的消极情绪模式交由治疗师或教练处理。如果你将消极情绪具体化，并设法去理解它，那么其消极影响将减小或完全消失，而旧有能量将转化为新生的正能量。我的无意识情绪模式大部分来自儿童时期，而我发现眼动身心重建疗法和霍夫曼过程对我特别有效。

我们的思维训练项目"战无不胜的大脑"之所以能够起作用，是因为我们始终将心理治疗作为客户的整合性纵向发展的重要一环。我早先注意到，情绪认知和情绪控制能力缺乏，让大多数领导者处于低效状态。在全天的课程中，我会跟客户一起做盒式呼吸、躯体运动、正念练习和可视化练习。在可视化练习中，我们会专注想象一个新的未来的自我，并重新设想过去曾后悔的事情，直视恐惧之狼。客户及其团队会探讨他们的情绪模式，以及可能的替代情绪模式。参与项目后的数月内，他们对自己的情绪认知都会变得深刻许多。

我们的工作远不止于此。对于那些消极情绪深植于心的人而言，仅谈及这些情绪远远不够。因此，如"成长"那一章中所述，我们会将客户置于困难的情景下，引入压力，在因素可控的环境中让他们体验压力情绪。之后，让团队听取汇报，知悉内情，这样一来，他们就更容易明白消极情绪的起因，正确表达情绪，就消极情绪形成的原因，以及为何消极情绪会削弱真诚和信任得到即时反馈，并知道正确的情绪反应是怎样的。

在受控训练环境中进行此类情绪练习，有助于领导者在日常生活中遇到障碍时，形成更深刻的情绪认知，以及进行更好的情绪控制。对于训练中暴露的、最具破坏性的恐惧之狼模式，我们可以求助于教练和冥想长椅。

如果团队认真进行情绪练习，就会形成团体韧性，团队真心支持并帮助每个人从消极情绪中恢复，这里不包括那些把队伍拉下水或在办公室、茶水间对问题说三道四的人。每个人都可能情绪失控，就看这种失控是因为什么被激发，以及在什么时候被激发。情绪不再将个人孤立，也不再是即将爆炸的定时炸弹，而是成为让团队成长和获得韧性的焦点。团队会慢慢产生一种察觉个人的消极情绪的能力。他们会立即去感受这种情绪，而不像过去那样忽视、回避、厌恨这种情绪。随着不断练习，他们会用熟练的非暴力沟通方式来解决情绪问题。

坚持不懈进行这项训练，情绪将不会再妨碍任务的顺利完成。

你的"为什么"是什么

持久性和坚持不懈两个原则相互关联，相互强化。坚持不懈意味着即使情绪起伏，依然坚持不偏离航向，而具备持久性则意味着内心顽强，有长期战斗的决心，具有坚忍不拔、永不放弃的精神。不管有什么样的情绪，我们都会朝着目标不停前进。要实现这种持久性，需要我们有顽强的内心。

我认识很多领导者，他们拥有坚持不懈的精神，但依然让团队在"长跑"中千疮百孔。

能通过顽强精神保持团队积极乐观，避免阴影情绪影响团队的持久性，才是真本事。

要具备持久性，首先要围绕任务提出明确的"为什么"，并在任务进入考验持久性的阶段时，牢记初衷。

你成为领导者的原因是相当个人化的，但这也应与团队让你成为领导者的原因保持一致，以实现相互支持。因此，当事情进展不顺时，要保证有两个强有力的"为什么"作为后盾：你个人身上与团队任务一致的"为什么"，以及团队的"为什么"（团队行动的重要性和根本原因）。

两者相辅相成，需要经常被唤醒，以催生持续成长和坚持不懈的精神。你必须不忘初心，砥砺前行；你必须每日自省，牢记初衷。

要当心你具备继续战斗的持久性，却打了一场错误的仗。特别是你在发展的时候，因为自鸣得意而忘记真正的任务并不罕见。今日的"为什么"也许不同于两三年前的"为什么"。两年前你的"为什么"是什么呢？它是否依然强劲有力，足以让你长期保持耐心？若任务发生了变化，那么你就需要更新你的"为什么"。你现在的"为什么"是什么？它现在需要你做什么？驱动你前进的东西是否依然符合"契合、重要性、时机、简洁"模式？如果你很清楚自己的"为什么"，那么"做什么"和"怎么做"是可变通的。有韧性的领导者和团队会优先考虑"为什么"。

有效和无效

坚持不懈的最后一个原则是要高度关注有效和无效的问题。在无效时，要寻求变通方法，或用更新更好的方法来处理。

在变通时，要有长远眼光，因此坚持不懈才能产生适应性。环境和个人投入都是变量，若环境多变，而投入不变，结果肯定会让你失望的。

你需要评估、检验并思考哪些方法是无效的，以及该如何改进它们。你也要努力寻求新方法，并尝试不同的方法来改变——这才是明智的新定义。这需要你能甄别有效的方法和无效的方法，并总能提出优化方案。在"一致性"章节中，我们将看到海军特种作战研究大队这支精英团队的做法。甄别方案是否有效，优化方案，让团队不断进化，让自己在职业这个"持久性项目"中坚持下去。要沿着这条路走下去，你和团队都需要成为学习机器。

学会快速学习

韧性的三个主要原则的最后一个，是成为一头学习猛兽。

没人无所不知，也没人无所不学，要明智取舍，选择自己需要知道的知识。学习的一个要点是选择内容。我们曾说过，有舍才有得。快速学习的关键也在于选择不学哪些内容，从而高度关注和学习应该知道的内容。培养舍弃错误技能和知识的勇气，简化生活，让自己少一些杂乱，多一些时间来学习正确的东西。

如今我们需要快速应对所有事务。我们的大脑正以惊人的速度处理消息，并条件反射性地接受一切事物，战术般对收到的任务照单全收，囫囵吞枣，不加区分。我们已经淹没在多到学不过来的知识中，我们已经迷失在多到认知不过来的东西中，而我们却误以为自己必须学习和知道这些。因此，我们必须明智选择，聚焦重点。

一旦确定哪些知识有用，就将其和你已掌握的知识进行比较，确认差距所在，在选定的狭窄范围内，学习未掌握的知识，弥补差距。决定舍弃哪些内容后，就可以选择要聚焦的内容。

舍弃过多枝节，是为了聚焦重点。

当你聚焦重点，准备学习新技能时，则要仔细分析新知识的来源。学习前，确定知识来源是否可信。一本好书可能足以让你学习一个新理念，但发展一项复杂的技能，则需要一名经验丰富的老师。跟着老师认真学习，做好笔记，深思熟虑，这是第一步。然后走出去，实践体验，获得反馈。由此，周而复始。对于复杂的技巧，比如学习乐器或掌握合气道之类的武术，我认为要将教学时长不足五千小时的大部分老师排除在外。这是一个高标准，在被选为老师前，他们至少要用十年时间来精进。

你的标准是什么？

通过做博主或者自行出版书籍，很多不合格的人往往自诩为老师，却缺乏应有的知识深度和智慧。这个占用你宝贵时间和精力的老师，是否值得你信任，值得你付出时间，值得你与之分享心得？大师的年代已是往事，好的老师不再是万众瞩目。当你将新知识应用于实践，并历经团队考验时，你会发现真知灼见并非来自专家，而是来自自己。

因为我长期练习不同的武术，常有人问我："学哪种武术好？"我告诉提问者这取决于他的目标，以及谁是他最好的老师。找到这个答案，就知道具体选哪种武术。当提问不正确，知识不完整或有缺陷时，人们都会浪费大量的时间。

当学习武术或任何新东西时，如果没有清晰的理由，没有选择合适的老师，那么你都将付出代价。当我决定找个武术老师时，我仔细地思考了驱使自己这么做的理由：在我生命的此刻，什么训练最有益？在做了实践研究后，我选择了合气道，因为其专注于和平解决冲突，同时具有正能量。但我没有随意找家最近的道场开始训练，而是联络了一些认识的合气道高级黑带选手，而后得知我所在城镇有一位老师，他技艺高超，正带着一群学生训练。我去那儿试练了三个月，检验了驱使自己这么做的理由，并评估了老师的性格、技巧和教学能力。反馈如我所愿，因此我开始了长期训练计划。这个过程节约了大量时间，不用我到处辗转，以寻找不同的武术项目和老师。

确定性是逐步递增的

当你对未来和预期结果感到确定时，你更容易保持坚韧。但在这么一个充满易变性、不确定性、复杂性、模糊性的世界，确定性得之不易。对自身以外的一切，我不再有百分之百的确定（并且，过去的确定性多少有点像错觉）。甚至，我们的内心世界充满着本书讨论的偏见和反应性模式。我们能熟练地驾驭生活简直就是奇迹！

随着自我认识训练的不断深入，我们可以进一步寻找真实的自己，更坚定自己的立场。这就是为什么这些练习在我看来是领导力提升的必修练习。自我认识训练可以让你发现真诚，坚定立场，提高确定性，因此这是领导者成长必修的练习。日常练习让自我认识逐步提升，让决策和行动得以优化。要更好把握外部世界，就得逐步掌握成功所需技能的基本要点，以此建立自己的知识堡垒，否则自己的学问主张就是无源之水、无本之木。深入学习时，也要时时温习这些基本要点。

学习自我保护时，最重要的不是战斗技能，比如踢法、拳法和擒拿，而是原则：采取正确的姿势，保持平衡，然后带着正确的精神状态来呼吸和移动。逐步掌握了这些领域的基本要点后，我就能在一周内教会你用其他工具自卫。人们很容易被所谓的秘术和花招吸引，而忽略根本。在实战中，若精神和身体失衡，技术便会将你难倒。

一旦你达到了"有意识能力"的阶段，你就可以开始辅导他人学习技能。这会让知识在你身上凝结成形，而非仅仅存在于你的头脑中，我称之为"非意识能力"。

当你的技能达到这种水平时，你不仅会拥有超强自信，还能更好掌握其他领域的技能，实现快速学习。虽然我在其他传统武术中获得了几个黑带资格，但在合气道上，我是重新从白带阶段开始的。通常，在其他项目上已经成就斐然，在这里却从零开始，会让人自信心受挫，但我却很享受这种再次清空杯子的过程。因为我掌握了基本要点，能够进行快速学习，所以现在进步飞快。

挑战未知

学习将恐惧转化为期待。

待在舒适区只会增加恐惧。当你止步不前时，身边的世界却是风云变幻。忽然之间，你曾认为让你有安全感的熟悉的一切，再与你无关。本应贴近未知，消除恐惧，而你的无为却让未知离你越来越远。

掌握已有的或自己热衷的学问和技能并不够，不妨自问，什么让你害怕，或什么让你存有偏见，并进行针对性学习。扩展未知区域，即拓展你的舒适区边界，找到你害怕的东西，发现盲点，将其补充到学习计划中。不断挑战自我，学习让你感觉不适的东西。

忽视让你感到害怕的知识将阻碍你的成长。你应该用你害怕的东西来刺激自己的成长。

信仰

你要学会接受不可知的东西。

有些东西生来不可知，不是每个问题都有解决办法，正因为如此，我们才需要信仰。我不是说宗教意义上的信仰，而是指你对自己和团队的信仰，坚信你们有着巨大潜力，能一同战胜此类挑战。

当团队中所有人都按照本书的原则努力时，奇迹就会发生，团队集体的直觉会产生令人惊叹的结果。知其然，不知其所以然，这就是直觉。直觉不好理解，我认为即使以如今的研究工具，依然难以诠释直觉的全部工作原理。信仰是信任你的直觉，并以之检验你的想法，指引你的行动，而无须知道它的工作原理。

信仰和直觉不仅仅是信念，也是一种练习。对于用以往的常规分析和决策方法无法解决的问题，依然坚信自己有能力解决的团队，常常会利用真正的信仰本身来强化他们的信仰。要激发创造性天赋，需要我们超越受理性训练的大脑，与内心的直觉智慧相遇。

呼吸练习和可视化练习都需要信仰。每次重要会议前，我的团队都会在静默中进行盒式呼吸，这不但可以平复心情，使头脑清醒，也会引导我们进入一种引发创造性的状态，并使我们同步接收新信息，激发更多知识的出现。我们也创建了一个精神训练空间，即思维健身房，在此我们想象出一个精神避难所，听从内心的直觉智慧的指引，或听从我们信赖的更广阔的普遍智慧的指引。在产生自发的、创造性的解决方案方面，这个练习具有令人惊叹的价值。

另一个有用的工具是冥想练习，它可以充分开发出一种非凡思想，这种思想不同于思考和解决问题时的平常思想。如前所述，正念冥想让你能内观自己的想法和情绪，而不局限于情绪表象。这种令人解脱的冥想可以减压，并有助于你建立关于自己的情绪模式的元认知。通常，在平常的理性思想构建之后，元认知的建立就已经完成。通过冥想练习，我们能学习如何激发非凡思想，进而不需要逻辑思维就能对知识产生直观感受。思想的这一面被称为超意识。这个技能可以让你以超级快的速度理解大量的信息。这需要大量练习，但未来它将成为领导者的一项重要技能。

领导者要开发超常能力，也有法可循。你要坚信，自己的各种思维能力可以超越西方国家烂熟的那套理性思维，并努力进行开发。

实践中的韧性

环境瞬息万变，面对错综复杂的制度，"适者生存"的法则要求领导者和组织都要快速地适应一切。不身在大企业中，你很难想象如今大企业中的方方面面有多么复杂。2018年，我接受了壳牌石油的墨西哥湾深水作业组的邀请，跟他们一同工作，他们磨炼韧性时的思想高度让我感触颇深。他们在石油钻井平台之下的非凡业绩，也许只有美国太空探索技术公司才能与之媲美。为解决大型复杂问题，他们会坚持不懈地培养适应性，并持续学习，这激励了我。

如果壳牌石油无法安全地提供能源，那么他们就配不上自己的名号。他们不是偶尔进行韧性训练，而是把训练变成了日常内容。克里斯蒂安·奥文顿邀请我参加了他们的安全领导会议，其口号是"无伤害，无泄漏"。在极高压和极深水位下钻探液体能源，要实现"无伤害，无泄漏"，需要许多专业人士高度聚焦，通过评估和缓解策略来应对风险。壳牌石油的团队每天都在问下面的问题，以应对不断变化的风险：

● 还会发生什么风险：还有什么风险？还有什么风险？还有什么风险？

● 我们遗漏了什么潜在风险？

● 风险是如何发生的？

● 我们怎么才能防止风险发生？

● 一旦发生风险，如何将风险对人员、环境和资产的伤害最小化？

● 我们该如何设置系统，以支持安全作业？

● 我们该如何设置系统，以应对故障的发生？

● 我们怎样才能帮助个人提升情境觉察能力？

克里斯蒂安和她的团队经常谈论"工作计划与已完成工作"，这是西德尼·德科的一种个人绩效概念，在它被引入高风险行业后，便引起了行业关注。不论你花了多少时间进行分析和计划，事情总会出状况，或至少它会和预期有偏差。

因此，紧要的事项如下：

● 做计划时，细节和情报越多越好。

● 做好额外方案，以备不测。

● 沟通方式完全开放。

● 提升情境觉察能力。

培养适应性和持续学习的做法有助于防止自满情绪的产生，因为自满情绪在油气行业中与在军事上同样致命。壳牌石油不断推动着持续的进步，并要求个人把自己看作主要风险因素之一。换句话说，他们要自问，是否因为他们存在偏见或存在未知领域，而让他们忽略了什么。未知领域可能存在致命风险，这让他们时刻警惕。

风险常态化是韧性的敌人。

在历史上，重大风险常常产生于不被人察觉的细微变化中，表面上一切正常，其实却危机四伏。安然公司或雷曼兄弟公司的轰然倒塌，就是因为此类风险的常态化。重大金融危机发生的原因也基本一样，差别只在于这是更大的系统性级别的风险。多数时间，人们并非有意推移风险标准的界限。

一切还看似正常，这使他们无意识间慢慢地提高了风险承受级别。他们仍处于舒适区——这是一种危险的偏见。壳牌石油的领导者则是公开挑战自己的偏见，主动走出舒适区。

克里斯蒂安和我讨论过狂妄自大的表现，这是学习的最大障碍，也是商业领域的最大风险（但也是最少被提及的）。自信和自大之间存在天壤之别。壳牌石油鼓励他们的领导者自我反思，寻求反馈，对不同意见兼收并蓄。她说："不谦逊，难以学习和进步。成功而自大的人，难以赢得人们的信赖，也许其职位值得尊重，但其人难获认同，因此会限制团队的潜能。"与强人一同工作时，人们常担心对方是个自大狂。在所有情形下，毫无疑问，自大都是一种错误的陈腐思想。不可一世的领导者是危险的，不应成为团队的一员。

最好的做法是，承认自己带有偏见，去发现自己身上最危险的偏见，然后通过实践和他人反馈，挑战自我，纠正偏见。

在壳牌石油，不同部门之间会共享信息，一同训练。一个小组流程的改变，或多或少会影响系统中的其他小组。其他小组若毫不知情，其行动最终可能导致系统承压。克里斯蒂安和她的团队会频繁主持多专业协作团队电话会议，使各团队的愿景和流程都协同一致。在每两周一次的电话会议的基础上，克里斯蒂安会从各个专业抽调人员参加面对面的季度会。跨专业协同工作会产生紧张的关系，但为保障安全作业，各团队都会奔着更高的安全目标而去，并放下架子沟通。

壳牌石油知道，即使对于最成熟的团队来说，从灾难中恢复都是非常困难的。领导者要需要悲伤，不能假装他们凌驾于人性法则之上。他们也必须为团队设定恢复条件。这可不是在商学院或礼仪学院教的技巧，领导者必须尽力表现得真诚，又不失优雅。就像麦克雷文曾做到的那样，你不得不接受损失，照看好团队，吸取更深层次的经验教训，然后尽力确保灾难不再发生。同时，你要让全体成员都经历他们自己的悲伤过程。在组织中，领导和合作是真实存在的。坏事时有发生，认真对待坏事的团队才更有韧性。

坚持不懈总有回报

大学毕业之后，我去了纽约。1985年我参加了纽约大学商学院的一个半工半学的项目。同时，我开始接触禅宗，并在同年努力考取了注册会计师，很多成长在同步发生。

但是，我没去读科尔盖特大学的会计专业——刚开始我是这里的一名医学预科生。大一时，我上了物理课、微积分课、英语课和生物课。我特别爱物理课，这是医学预科生必修的课程。在这门课上，我学到了一个关于坚持不懈的宝贵教训。

这门课只有期中考试和期末考试，我的期中考试考砸了，至少我当时是那么认为的。作为一个从小得可怜的公立高中毕业的学生，我从未挂过科，因此考试失利让我非常消极。这激发了我的恐惧之狼模式（虽然我在当时无此认知），让我感觉上这门课不值得或不明智，我无法相信自己有当医生的天赋，开始心生恐惧。新生顾问劝我退课，但让我先和教授谈一谈。我找了教授，他也建议我退课。

因此我办了退课手续。

之前我从未听过曲线评分法。在我的高中，我总是毫不费力就得到A，从未想过会得F，我本该是完美的，对吧？完美的人不会失败。在科尔盖特大学的大一期末，我和一个兄弟会的哥们儿聊了一会儿，他也是一个医学预科生，和我在同一节物理课上听课。聊过之后，我吃惊地发现，如果用曲线评分法，那么我的成绩可能是那次期中考试中最高的。这太扯了！放弃那门课给了我一个深刻教训，我也有了更深的自我认识：要相信自己的智力水平。这也教育我，面对困难时，总要抱有一线希望。

我的人生轨迹因此而改变。一开始，我后悔退了课，打算重修，继续学医之路。但这个插曲让我首次慢下脚步，认真思索未来。那时我正从游泳教练那儿学习可视化练习，我想象着自己成为医生的模样。问题在于我无法看到自己的美妙前程，而且发现自己根本不喜欢当医生。通过这种可视化练习，我意识到自己根本不是当医生的料，它只是我母亲的梦想，不是我的。如果我选择那条路，那么我不可能成为海豹突击队的领导者，而当我最终发现自己不适合当医生时，肯定都出现中年危机了。当时我宁愿从实力和对行业认识的角度放弃医学，而不是先放弃再后悔，因此我对下一步行动反复斟酌。

我有条退路——读经济学，这可以保障我将来找一份企业的工作，当然你也看到此后我又偏离了这个目标。我曾相信经济学能让我发大财，也能让我振兴家族生意。因此我积极进取，最终在八大公司争取到一个极佳职位，并得到一个精英商学院的入学通知。这就是本节开篇所说的，我在纽约做了一名审计员，晚上则在纽约大学商学院上课。

没过多久，这个世界再次让我看清现实，它总是这样。在永道会计师事务所工作的第二年，因为工作要求，我必须通过注册会计师考试，结果再次被狠狠地打了脸。考试有四门内容，包括理论、法律和两门会计实务，四门全部过关才算合格。第一次考试时，我过了三门。我继续回去备考，但我的生活并不只是准备考试。我在白天全职工作，在晚上参加MBA课程，在缝隙中挤时间上武术课。我会学习到午夜，早上六点在上班前晨跑，周而复始。

我非常重视自己在武术训练中学到的原则。在武术世界，当你被击倒，你要立即起身，继续战斗。为了获得黑带，不管情绪如何波动，都要持续数年不断战斗。我意识到，自己可以将生活中学到的关于韧性的技能用于职场。可能这在现在听起来有点傻，但对当时的我而言，这种认识算是深刻的见解。那时的我刚在注册会计师考试上失利，又正好回忆起上一次经历的失败，那时我放弃了。这一次我告诉自己我再也不会那样做了。我很高兴能在22岁时就领悟到这个原则，我有客户在50岁都还没搞明白。放弃是一种对障碍本身感到害怕的情绪反应，而失败、损失和不完美都可能是放弃的结局。

我曾如此害怕，但我努力克服了恐惧。我重考了注册会计师，并再次失败！

跌倒两次，就要站起三次。半年后我第三次参加考试，最终全部过关！这次我没有放弃，而且我知道，从今以后我都不会放弃，不会因情绪反应半途而废。

让我感到吃惊的是，在这次经历之后，我意识到自己对注册会计师全无兴趣。考了三次，努力学了两年后，我才如梦初醒。然而，这次经历也是培养韧性的一种方式。如此我方知，如果值得，就要坚持到底。此次经历对我的将来也颇有助益。

回报来得很快。在被招募人员告知我毫无机会时，我选择坚持不懈，最终成功申请进入海豹突击队训练班。在科罗纳多酿酒公司创业时，虽然结果并不令人满意，但我仍旧坚持不懈。在全球性会计师事务所工作四年，在顶级商学院获得MBA学位，这让我具有很高的可信度。如果我只是个海豹突击队员，特别是在1996年，投资者根本不会信我懂一星半点儿的业务。

我在武术上的坚持也带来了好处。在学习中，我有三次差点放弃，如果早放弃了，那么我的故事就完全不同了。在空手道训练馆争取黑带时，我也在学习严肃的禅宗冥想。在那四年中，我学会了全新的心理技能，这让我逐步蜕变为更好的领导者和更有觉察力的人，我学会了和他人进行更深层次的沟通。这成就了我的韧性，让我在那期海豹突击队训练班中脱颖而出，成为全营185人中仅有的19名毕业生之一。我曾描述过自己参军后的商业生涯是如何受益于韧性的，并且韧性的作用延续至今。

教训：世事难料，坚持不懈地耕耘，你可能不知在何时何地就会有收获。让我们在失败中快速前进，永不放弃。在以后的日子里追忆起来，往事已然风轻云淡，但坚守还在。

底线：在适应性、坚持不懈和学习方面的练习越多，你就越有韧性。对学习的热情让我变成了一个学习机器。我坚持不懈地练习禅宗冥想，这让我不再渴求外界认同，而是倾听自己的心声，相信自己的决定，相信自己本身。在企业界的适应性引领我进入一个有利润、有回报且能帮助众人的行业。与心交流，让我更坚韧，和家人及团队的关系更紧密。所以，韧性的原则对于今日之我十分重要。有付出，必定有收获。

接下来是第七种品质，其中战场通信、最大化共享和高度关注会让你和你的团队实现一致性。

适应性、坚持不懈和学习

你要和团队一起日常进行这些韧性练习。

情绪控制：按本章介绍的暂停、呼吸、思考、行动的步骤进行练习，用积极而正面的行为替代反应性行为。这将培育乐观精神，驱散未知恐惧或失败恐惧。

聚集团队：在团队会议中，彼此开诚布公，相互以对方为后盾。随着练习越来越自如，你和队友便都能赢得对方的心。这种奇妙的方式可以实现心灵的沟通，让他们感受到背后有你在全力支持。

团队口号：起一个团队口号，让团队喂养勇气之狼，迎接挑战，保持韧性。我们团队的口号是："我们能行，小意思，万岁！"

快速学习：进行团队正念练习，练习后就以下内容进行反馈或交换意见——个人和团队的"为什么"，个人和团队的偏见，个人和团队的技能以及知识差距。

品质七

一致性

直视对分享的恐惧。

迈克尔·马格雷西是一名退休的军士长，朋友习惯叫他马格斯，他拥有现役海豹突击队中的最高士官军衔。他现在是基础水下爆破训练班的辅导主任，提供领导力、意志力和性格方面的辅导。他思想开放，为海豹突击队训练项目引入了精妙的心理成长项目。要想变得更有韧性、更具认知深度，这些新技能意义重大。而马格斯曾亲身参与了将众多小团队组合为一支精英大团队的过程。

　　马格斯曾是海军特种作战研究大队反恐部队的指挥军士长。作为海豹突击队的高级士官，以及全军最有经验的海豹突击队员，他麾下有大量具有天赋的高级领导人向他汇报。领导精英领导者是一件让人望而生畏的事情，与其说这是驯猫，不如说更像是驯服猛狮。同时，小团队各自的任务迥然不同，手下全是经验丰富的硬核指挥官，可以说总指挥的工作是最具挑战性的工作之一。作战行动永不停歇——他在海豹突击队连续服役18年无休息，创造了现代历史上的空前纪录，这对领导力是一个严峻的挑战。

马格斯将其主要精力集中在指挥艺术的保持和精益求精上。此外，让队伍的战术、技术和作业程序维持在尖端水平，也是马格斯的任务。为此，他要确保部队开发的所有新技术和标准作业程序，都由指挥部和全军分享，以此帮助全球的海军特种作战部队尽可能处于随时待命的状态。

组织中的每个领导者都是超级天才，都自以为是，这和其他表现突出的队伍并无不同。这类型的人会独立完成任务，以免节外生枝或者被视为无能。他们埋头努力，勇往直前。在整体大任务中，他们只关注自己的小任务。马格斯认为，将这种粗线条的、个人主义式的领导者向团队归拢，使其和全局保持协调一致，是一件既紧急又重要的事情。他采取的方法不受人们待见，事实上是众人纷纷抱怨，哀号一片。然而，他知道如果时间久了，那么优秀的蛙人迟早会理解，并以之为乐。

要实现一致性，则需将团队的关注焦点，从关键的个人任务上转移，让他们以大局为重。然而，出勤的指挥官会认为这是一种行政干扰，纯属浪费时间。平心而论，若非这些一致性措施被设为最高优先级，他们真没时间去应付。马格斯不得已，只能规定此事无商量余地，指挥官必须服从。

他的办法是每周开一次视频会议，这被称为"领导力反思会"。领导者不得缺席会议，不管他在追捕什么坏人，请假必须有非常站得住脚的理由。会议按计划是90分钟，但富有成效的会议通常持续数小时。会议流程总是一样：首先，由队伍指挥官为目标、任务和战术焦点提供指导。其次，是对全局热点话题信息进行更新，覆盖整个陆战队特种作战司令部，包括所有指挥官认为每人必知的重要的内容。最后，马格斯留给每个领导者四个问题：

1. 你的战术目标和当前项目是什么？

2. 你测试、评估和应用的新技术有哪些？

3. 你正在开发什么标准作业程序？正在应用的战术、技术和作业程序，有什么是新的或明显不同的？

4. 你有什么道德上或纪律上的问题，又是如何处理的？

如果领导者无信息可供分享，那么他们就可以说："没意见。"如果存在有价值的信息可供分享，那么领导者就可以阐述哪些有效、哪些无效，以及原因为何。这是总结成功经验、分享创新之举的好机会，也是真诚暴露问题的机会。

马格斯相信，如果领导者经常在这些关键事件上保持同步，那么他们就将提高完成任务的效率。慢慢地，这个会议就成为一处安全场所，令所有下级部队和司令部相互保持完全透明。这种透明性对于获得深层次的理解和信任，进而达成目标而言，必不可少。领导者不能因为高傲或任务紧迫，就与利益攸关者不同步。

参加这些会议需要做周全的准备，不能每次都没有内容可分享，否则你会因为浪费时间而被点名。领导者必须深思熟虑，看是否有遗漏的事，以及是否有被拖延的事。光是为这个会议做准备的过程都很有价值，这迫使领导者停下来反复斟酌自己的想法。

视频会议中提出的问题会被继续跟进，马格斯会在线下提供支持。领导者和其他人不再孤立地看待问题。在这种会议中，你解决问题不用再单枪匹马，因为有同事们的热心帮助。高层领导者还能在小事变大之前，识别令人不安的动向和盲点，这也为解决问题提供了一线转机。

这种会议的风格延续着海豹突击队汇报流程的风格。不用担心惩罚，将好坏美丑一一摊开，就事论事，从而让团队的注意力高度集中在完善程序和文化之上。言而无罪，这有助于暴露所有大纰漏，而马格斯的工作是从中筛选出棘手问题，提前处理好，以免被媒体错误描述，或变成海豹突击队的法律问题。在现实中，领导者还要处理更多日常工作，以便前线的军队可以免除海军要求的海量文书工作。这一做法让领导者与最前线的军队建立了更深的信任。

在这个规则执行了不到三个月时，他部下所有军士长就纷纷称赞，说没有这个会议他们都过不下去了。如今，各中队的军士长已将该会议作为任务的关键所在。因为相互学习，更确切地说是相互从对方的错误中学习，他们都成了更好的领导者。

马格斯告诉我："大部分领导者投入会议的时间和精力要多于他们的预期，因此，会议效果极佳。通过分享，好的做法被完善成了最佳做法，在地方一级被忽略的新认识得以浮出水面。一支队伍在一个热点地区执行任务的方法，略加改动，就能成为一支队伍在另一个地方的解决方案。我能察觉到我们在道德上或纪律上领先一步的趋势。"

在壳牌石油的案例中，我们认识到，自满是韧性的敌人。当你对任务敷衍了事，不深刻反省，那么细节中的瑕疵最终会让你饱尝恶果。无论是领导者还是被领导者，我们都曾埋头专注于自己的任务，只见树木不见森林，一叶障目不见泰山。一旦出事，领导者的反应只能是应用法律条文或行政文书，根本没机会在事情发酵前低调处理。

不要指责或责骂，而应该去找问题，否则你无法学习、进步，你也会失去转变的机会。正如我们所见，此类挑战多是情绪问题所致：当易变性、不确定性、复杂性、模糊性让行动过程充满痛苦、煎熬，出现压力和不适实属正常，继而进入阴影模式，并产生情绪问题。马格斯的一致性流程虽然令人痛苦，但可以避免人们在极端压力下因为人性的弱点而导致最严重的结果。分享"一个团队，一场战斗"的经历，能让所有人凝聚在一起，团结在一起。每周同步的做法，有助于人们找出根本原因，采取行动缓解产生的压力，以免其升级为系统灾难。海军特种作战研究大队现有的信任、尊重、成长、卓越和韧性文化，要进一步升华，一致性就成为关键因素。

繁文缛节仍是组织结构中官僚部分的主流，而去中心化的战斗结构在具备适应性的同时，形态却不固定，其信息分享也更为频繁。因此，团队不再草草应敌，而是快速反应。让相关个人每日同步，以使领导者的愿景，以及大团队的价值、边界都更为清晰，这样一来，所有相关方都能分辨有效行为和无效行为。因此领导者可以将其所学立即传授给所在部队，让部队专注于目标。当所有人都关注了或至少了解了其他部队的主要问题时，若一个小组需要支持，其他人可以迅速地、高效地满足其所需。

对大团队的任务、愿景和价值具有清晰明确的一致看法，使得团队构建起了一种共同意识，在此共同意识之下，每个人的行动都更加独立自主。这意味着离敌人最近的一线士兵、海豹突击队员、飞行员、海军陆战队员或平民被赋能了。他们可以快速做出计划，快速行动，这就是一种赋能的过程。对此清晰明了，他们就可以放心对付敌人。

一致性有三大方面值得我们额外关注：战斗通信、最大化共享、高度关注。

战场通信

充满易变性、不确定性、复杂性、模糊性的环境如同战场，商业领域也越发像特种任务战场，因此你必须建立一种通信流程，以便随时做好战斗准备，我们称之为战场通信。

马格斯有每周会议，你则要决定你的团队适合哪种"战斗节奏"。壳牌石油是本书中探讨的最大团队，他们的战斗节奏更多看部门自身。但尽管如此，他们也有全公司范围的季会，有危机时，会议开得更为频繁。在我的公司，我和关键领导者会每周开一次同步会议，然后他们和自己的团队每日开同步会议，此外还有运营同步月会和战略规划季会。

如果你打算用马格斯的方法，那么完成下面的问题有助于你取得不错的效果：

● 什么有效，什么无效？

● 我们该如何弥补差距？

● 文化和纪律存在什么问题？怎样才能最好地解决这些问题？

所有这些问题背后都包含诸多细节，但关键在于无论是什么会议，我们都要坚持关注这些问题。

所有战斗活动都有其节奏，商业活动也是，因此让你的团队在合适的战斗频率上同步非常重要。精英团队知悉不同的节奏，他们会确保自己的工作能踩着节奏进行，而不是被节奏打乱。

你要通过同步会议形成自己的"乐章"，而不是受他人的战斗方法和手段操控。当你接手新任务或新项目时，我建议你立即考虑战场通信的战略，否则很容易依据老经验想当然，从而导致你对信息的理解和真实的信息之间存在巨大偏差，这本可以避免。考虑战斗节奏时，你要牢记，组织任务、部队任务和团队项目类型都会影响信息的流动方式。海军特种作战研究大队的任务不会经常变动。但海军特种作战研究大队内部的下属单位都有自己的任务，而且总在变化，比如抓捕坏人，或确保武器安全，每个单位的通信节奏都不同。当你有产品创新或流程改造的任务时，新目标也将产生新的信息流动。我的观点是，鉴于这种复杂性，一定要对如何同步信息流思虑周全，确保队伍中各层面的认知都到位。

这将促使更大的一致性的形成，继而形成更强的势头。

废话连篇的会议破坏一致性

我们都有过"开会开到死"的经历。我不建议你只是为了分享观点而增加会议，特别是如果你们团队已经具备一致性。无疑，许多会议完全是浪费时间，会损害团队的积极性。然而，你一定也认同，缺乏有效沟通的团队无法运转。

无效的会议会浪费原本完美的时光。更糟的是，它们可能会关闭敞开心扉的沟通方式，而敞开心扉的沟通方式是团队展翅飞翔所必需的。如果会议有明确的目的并组织得很有条理，那么它将价值不菲。有效的会议具有清晰的目标和日程，只包括绝对有必要到场的人。会议要尽可能短，足以分享、处理信息并做出必要的决定即可。然而，马格斯也发现，避免按照会议日程赶时间也很重要，关键是要在每次会议中，完成关于目的、愿景、任务和程序内容的指导。每次团队碰头时，无论当面还是线上，都是一次加深一致性的机会。

大部分公司都有部门职能会议，这很有必要。我也会考虑构建特别培训团队，他们将评估和促进团队的横向成长和纵向成长。团队可以用"契合、重要性、时机、简洁"模式来评估当前目标和近期目标，以确认两者是否合理。并且，我建议增加一次针对一致性的会议，并确保针对每次会议的主要使命都做一次简报或汇报。

简报：简报是SMEAC战斗计划的体现，与你如何攻击目标有关。SMEAC是特种部队任务规划过程的一个版本，意思是情势、任务目标、执行、管理与后勤保障、指挥与通信。其中每一项都应由负责的专家深思熟虑，由他们做简报，并由总任务领导者主持。会议目的是要围绕任务保持团队一致，确保明面的、暗中的目的和目标都清晰。这也是一次让团队全体成员以可视化的方式演习任务的机会，因此特种部队的指挥官会在简报中提供大量图片和视频。

汇报：汇报在任务完成后，即目标已达成后进行。如果任务时间跨度大，那么汇报是在任务的每个阶段完成后进行。汇报包括提出探索性问题，观察任务整体进展情况，评估团队和个人表现，着眼于持续进步。如前所述，这些会议的定调非常重要。与马格斯开会的方式相仿，汇报会上不得对个人进行攻击、羞辱、指责等。你要停止上述这一切因自己的恐惧之狼而引起的不良行为，否则会议将毫无价值，而且，这些不良行为也会让效果显著的会议失去学习的功能以及保持团队一致性的功能。

在马上执行任务之前，要用战场通信检查自我，不得被中断或干扰。如果有人干扰，立即排除干扰，并为将来的会议设立规则、界限。要么让这个造成干扰的人和团队中的其他人保持一致，要么就请他离开团队。

那并不是让你钻研如何让团队不经讨论就接受你的愿景和观点，也不是让你空想或在团队中人云亦云。相反，是要他们思考这些难题，抛下影响团队精神的偏见。所有的观点都应经过深思熟虑，以成熟的方式表达。每个人都应有所准备，练习积极倾听，提出问题，而不是用高高在上的"公平正义"损害团队积极性。除非紧急情况，否则不得做出分心行为，比如接打电话。

另外，会后跟进是战场通信的另一重点。我参加过许多会议，有时会上同意某某将承担某项目，但之后便没了消息。当易变性、不确定性、复杂性、模糊性阻住前路，或事发紧急时，上次的结论在下次会议上往往会被抛诸脑后。这种情况让我作为领导者时有无力之感。

好的战场通信规则可以将问题消灭在萌芽中。团队领导者需要将预期结果和日程提前发送，会后则发送一份包括待完成项目和工作分配方案的会议概要。这份会议概要应包括所有领导者消化会议内容后的见解，以及达成一致的指导意见。在这里，关键在于有意识地通过连续学习和促进文化一致性，来让团队进步。

遇到危机时，战场通信将有不同级别的紧急性。危机可以让一支团队瘫痪，因此平时就要进行危机训练。准备一份战斗应急方案十分有用，这可以保证通信不会因为危机而中断。如果遭遇埋伏，那么海豹突击队就会立刻进入危机行动模式。首先，他们将通过深呼吸、积极内心对话和情绪控制技巧，来控制个人生理反应和心理反应。接下来，他们将全力避免成为被攻击目标，保持队伍的完整性，必要时做伤员验伤分类。然后，他们会消灭所有直接威胁，防止敌人袭击。而且，他们会启动"观察、定位、决定、行动"循环，以确定下一步反应。最后，他们会改变计划和通信策略来应对新的现实状况，并准备好按照新计划积极行动。危机结束后，他们将进行汇报，为今后的行动提供学习和改进的借鉴。这个过程可推广用于所有环境，不仅仅是在战争中的实际战场上。

在心里"未战而先胜"

战场通信不仅仅存在于团队沟通中，也是自我沟通的方式。战斗中，把每天都当作表现时刻，以"未战而先胜"的心态来备战。先让战场通信的一致性原则深入你的自我内在关系，然后教团队成员练习在心里"未战而先胜"，全天都保持最佳表现。

以我个人的战场通信为例，我的早晨从盒式呼吸开始。接着我会反思自己的目的和任务，做短暂的冥想，并以视觉化的方式想象自己的未来。最后，我会做好今日大致规划，并想象自己的目标得到完美实现。此外，我会想象可能出现的导致挫折的意外状况，并想好自己在混乱时的积极应对措施。这种准备过程只需20分钟到30分钟，但它可以为我全天的表现做好最佳条件准备。

在白天的战斗中，我会腾出时间用于深度工作和与一致性相关的内容。同时我会频繁地利用间歇休息时间进行现场练习，包括深呼吸、身体运动、力量训练（这需要较长时间）、积极聆听、冥想、户外正念行走等，以便进行恢复。需要做哪个练习，你可凭直觉来定。你在心理上也应为重要会议或重要事件做好准备，必要时事后再进行个人练习。

然后，等工作日"战斗"结束后，每天最后留出时间，在心里回顾当天的所作所为，并评估好坏。

我会自问：

● 从这些障碍中，我得到的最大认识和教训是什么？

● 今天我是怎样成长的？我学到了什么？

● 我的行动是否让我朝着自己的愿景和目标前进？

● 有什么有待解决或有待回答的问题，需要进一步跟进？

这个策略帮助我自己与我的目的和任务的紧要之处保持一致。

战场通信创造了一种强大的思维方式，体现了本书所有的核心原则：勇气、信任、尊重、成长、卓越和韧性。它能让你和你的团队保持一致，创造最大效应。在海豹突击队中我们会说："一事之行，即你一世之道。"

与自我、与他人沟通的方式，将决定团队创造共同信念和共同意向的方式。只有具备高度的纪律性，才能做好这一点。起作用的因素有很多，包括自我管理，团队沟通的频率，会议规范、规则和目的，团队积极正向的态度和情绪状态，开放性，透明性以及客观的文化等。这种沟通并非轻而易举，但绝对物超所值。你不需要像壳牌石油的钻工、海豹突击队员或国际维和部队的战士那样，冒着巨大的风险去感受巨大的成效。

最大化共享

本书的中心主题是，团队是领导者成长的首要途径。努力完成共同任务并愿意一同成长的人，将取得更大成就。我们已经看到，只要持续对愿景、规范和意图进行沟通，自然而然会实现一致性，但这还不足以保证我们围绕意图实现完全的一致性。领导者和团队也必须愿意分享他们的经历，承受同等风险，从而巩固本书探讨的所有品质。

所有的队员，包括领导者，都必须愿意最大化共享，包括共享信息，分享各自的经历和风险。当团队成员能够换位思考，彼此感同身受时，所有团队成员都会体会到他人的恐惧和脆弱。他们将看到，团队的力量在于知道自己的不完美，从而可以弥补差距，保护彼此不受有偏见的决策伤害。和精英团队一起时，你必须一切无隐瞒，你必须愿意分享全部。

马格斯愿意去热点地区和团队一起执行任务，冒着极大危险，以确保他亲自体验一线战士的感受。麦克雷文会冒着生命危险和荣誉风险，和他的指挥官一同去战场。他们都明白，要胜任工作，就必须走出办公室，和团队分享信息、分享观点、表达支持，并共担风险。这能让领导者走出脑海，进入内心，让团队看到他的另一面。当面临充满易变性、不确定性、复杂性、模糊性的局面时，他们会借此开发直觉能力，以做出更好决策。

如果领导者拒绝分享，那么这便会让信任消减。当我作为领导者在海豹三队时，有一位高级军士很支持我。他很出色，爱跟我们聊他在以前战场中的幽默故事。很显然，他曾经历过数次直升机坠机，因此在直升机训练中，他总是神经紧张。每当队伍进行空降、垂直速降或快速游绳降落到目标地区的训练时，他必然到其他地方出紧急任务。我明白原因，也同情他。我知道，团队也注意到了这一点。他们讨厌他没有和团队共担风险，共同经历某些事情。是的，他曾经"去过，也做过"，但此一时，彼一时。如今，你为团队做了什么呢？

永远不要躺在昨日的成就上睡大觉。

最后，我不得不正视他的问题。我告诉他，队员们留意到他没有和大家共担风险，他没有像一个高级领导者应该做的那样去实地指挥。他向我承认了他对再次坠机的恐惧，说他想避免"不必要的空中悲剧"。我解释了其他人会如何看待他的行为，我告诉他队员对他的信任正在减少。从那以后，他再没有缺席过任何一次飞行任务。

如果他不愿意和队伍共担风险，那么我就会要求他离队。这一点就是那么重要。

每个队员都必须"随时随地，全心投入"。

如果领导者不分享经历，那么他将很快丧失团队的信任和尊重，这是两种最难以获得的品质。如果因不愿意共同承担风险而被要求离队，那还不如自己主动离队。这也适用于所有选择从团队启航的人们，因为如果你不做如此打算，不做如此选择，那么你将来必定一路坎坷。组建一支愿意摘下面具、愿意最大化分享的团队吧！

请注意，我说的必须身体力行，并非让你不自量力。例如，在海豹突击队，如果我在自由落体极速空降项目上不合格，那么我不会和队伍一同参加行动。一个队员在缺乏训练或能力不足时参加任务会危及任务，这比不能共同承担风险更糟。共担风险的方式多样，视个人和具体情况而定。此时，我会努力完成所需训练，并根据自己的训练水平用合适的方式支持队伍的空降，比如从飞机上观测。你应该按照你的技能水平、资质和工作岗位来共担相应级别的风险。关键是当困难来临时，别躲在座位后或办公室门后。

与此类似，尽量和与你互动的其他团队分享经历，哪怕是日常经历也好。现在，人人都在大团队中工作，领导者亲临团队观察成员的工作，大家都会很感激这一点。你要进入实地，切身感受。否则仅凭一张组织结构图何以窥全局？

精英团队不会闭门造车，而是善于相互分享经验。对壳牌石油来说，那就是走出办公室，去石油钻井平台，进炼油厂。对海豹突击队来说，那就是亲临作战基地，和团队策划夜间行动。但行为须思虑周全，没人希望你变成闹剧，从而干扰行动。你想要的不仅仅是组织结构图上的一个名字，但也不要在抵达前线时大出风头。军中高级将领去到前线，哪怕是出于好心，也常常是那个效果。

共享更多信息的重要性不用再说，保持一致性需要团队成员之间不断分享共同的愿景，明确各自任务和统一规则。

虽然有时我们行动过快，导致来不及分享某些重要信息，或可能因为权力和威望阻止了信息的共享，但我不建议囤积信息。尤其是对区分有效无效、预计可能出现的局面、总结历史经验而言，快速分享见解和教训极有必要。

你会不会分享了过多的信息？有可能。我喜欢和团队分享未来产品和商业观点，但效果不佳。他们会将这些观点当作行动执行项，因而会分心或承受压力，其实我只是寻求反馈，测试观点而已。所以，你必须分享"须知"的信息，而非对团队当前或近期无影响的信息，留着那些信息给未来规划会议吧。但是，考虑到在充满易变性、不确定性、复杂性、模糊性的局面下，信息多总好过信息少，因此注意不要囤积信息。信息的自由流动会帮助团队感受战场动向，有助于形成共同意识。

正如我们所探讨的那样，现在到了分享领导权的时候了。一等领导者不会囤积他们的领导权威，在不放弃责任的前提下，他们会分享领导权，这样他人便可以获得经验和信任。精英团队的领导者知道自己并非无所不知，团队才是终极领导者，自己不过是暂时负责而已。他们会积极分享领导机会，让他人参与领导。

这些实践是一支团队成长的方式，是激发全队集体智慧的方式。当每个人既将自己视为领导者又将自己视为追随者时，传统的等级体系就会被弱化，一支真正的团队就会形成，其整体将效应会大于个体效应之和。团队和领导者应每日"清空杯子"，询问："谁是领导这个任务的最佳人选？我们如何支持这个人？"你的成功就是我的成功。这个方法能让团队共同解决问题，而不是单个领导者试图引导结果的出现。

也应分享每个队员的独特爱好，这可以显得真诚并加深信任。另外，说不准什么时候个人爱好能派上用场。在特种部队，每个人既是通才又是专才。全队会不断练习通用技能，比如射击、转移和通信。然而，特殊技能则依赖于个人兴趣。最好的团队会分享这些特殊技能，以提升团队能力。

一家公司会花费宝贵资源培训通用的工作技能，但通常不愿为员工花费时间和金钱培养其独特爱好和技能，而这些爱好和技能却可能为团队带来宝贵的力量。当处于易变性、不确定性、复杂性、模糊性的环境中时，你可能会吃惊于知识带来的突破。具有不同寻常的技能包的人可以参与头脑风暴，提供不同寻常的看法。

与团队分享最好的自我，激发出队友的潜能，如此将你的意识和团队融合，将提升自我和团队。同时，你非但没失去自我，反而对自己的认识程度加深了，你认识到了自己的强项、弱项、爱好以及你对他人的影响力。团队对你成功的助力具有乘法效应，所以你的能力会大大提高，你将更有动力去发掘自己内在的力量。你将发现自己更强有力、具备更高的价值，与所有和你相互影响的人能更深入沟通。你的家庭生活也会因此受到好的影响。

通过这种方法，你的团队会变得强有力，比各自为战的团队要强得多，也远强于一个领导者扛起所有责任的团队。

高度关注

高度关注应用于目标的能力，是精英团队的另一个特点。在海豹突击队，我们训练的目的是，以最小的行动，产生最大的结果，然后我们会高度关注，以便完成这些行动。这个过程会不断重复，直至我们掌控局面。将众多想法以激光的精确度集中在一个目标上，会产生非凡的结果。这就是麦克雷文领导特种作战司令部时，其队伍锁定无数其他高价值目标的原因。

要练习这种高度聚焦的能力，有一个好方法，那就是为自己和团队准备一套聚焦问题，每日自问。定期回答这些问题，你就能不断调整仓促而成的计划。我给自己准备的问题是：

● 如何让自己尽量完成今日的任务，或完成团队今日的任务？

● 今天自己需要聚焦的最重要的目标是什么？现在要采取什么行动才能向前推进这个目标？

● 我要做的是否和我个人及团队的理念、立场一致？

● 今天如何实现团队更高的一致性和清晰度？

● 今天的计划是否包括共享的经历、风险和挑战？

● 今天我和团队如何沟通，何时沟通？

● 我正在计划的或计划外的所有事情中，有让我破坏一致性的内容吗？

● 需要当心的分心之事有什么？

● 要让团队高度关注，做好战斗准备，还可以做什么？

探寻这些问题的答案，让我知道怎样变得与众不同——可能比计划中要好一点。你可以在行动清单中加上更好的行动，并优化行动清单中那些不够好的行动。这样，当面对充满易变性、不确定性、复杂性、模糊性的局面时，你就能正确聚焦，并可以迅速转移火力，处理紧急情况。

为战斗而训练

曾经，海豹突击队的训练更加静态化。我们确定目标，计划攻击，击倒目标，随后得胜回家。我们和其他团队合作得不好，绝对不是大团队的思维方式。

但现在我们需要全新的思维方式和训练方式。

海豹突击队将训练需要完成的任务从硬性目标（比如攻击一个陆基导弹发射井），变成了软性目标（比如解救人质和追缉穷凶极恶的恐怖分子）。这需要实时情报和一直待在现场。虽然之前的训练能让我们做好准备，但我们也要学习如何在持续的充满威胁的环境下行动。

曾经，大部分时间由你掌控，你可以为暴风雨来临做好计划，让其发生在你选定的时间和地点。对于我们而言，整个过程就是我们击中目标，做好混乱准备，直到解决问题。行动之后，一切恢复正常。在新的战争中，我发现除了自己的态度，我们什么也控制不了。

也许，学着除了掌控态度什么也不掌控，是个好主意。

海豹突击队很快认识到，老一套不管用了，我们不得不打破成规。于是，为了让团队变得更为灵活，我们重建了团队。我们也发现，有必要和同时部署的部队，比如拆弹技术员、通信员和空军中队更密切地协同行动。于是我们邀请这些外单位成员对我们进行培训。

2005年，我退伍后受聘于海豹突击队，帮助带领海豹突击队为即将到来的派遣任务进行备战训练。

我的团队负责让部队进行严酷的训练，这些训练的项目是由场景驱动的，包括多种任务，目的是尽可能模拟他们将遇到的战斗环境。他们和所有领导者都有每日同步会议，后续行动部队也有其每日同步会议。作为训练总负责人，我设定了战斗的规则和节奏。团队将有一个初始的任务分配，然后我们将大量的情报"触发事件"引入该场景。这些触发信息需要相应行动，比如和线人碰面，侦察一处可疑的武器窝点等。团队将采取行动，并寻找新的信息，进一步让他们的计划成型。

团队成员们会不断调整仓促而成的计划，这个计划起初并不和谐。我们不停变换场景，迫使他们主动应对，而不是做出条件反射。他们学会了快速规划和行动，以便赶在模拟的敌方进行"观察、定位、决定、行动"之前行动，或赶在局面让他们难以收拾之前行动。虽然实际战争的复杂程度远远超过我们模拟出来的战争，但这个训练有助于他们认识可能面对的真实战争。

团队不得不一起直视恐惧之狼，现在他们要学会控制自己的行为反应，避免在战斗中出现消极反应。记住一句话："平时多流汗，战时少流血。"指挥官彼此之间建立了很深的信任和尊重，视彼此为一体，他们极度渴望消灭敌人。战场通信不间断地传输着信息，让团队紧密团结，拥有集体意识，以及高度关注在任务上。在此过程中，你可以观察本书中讨论的每一种品质。

后来，这些队伍完全主导了战场。

作为一名企业家和海豹突击队军官，能帮助自己的部队制订重要的训练方案，我深感荣幸。后来，在2006年，我的公司受雇为全美范围的海豹突击队员进行辅导，能帮助我的队友进行坚强意志和性格方面的训练，我再次深感荣幸。

我一生中经历的所有艰难困苦、挑战和不如意，以及我自己家庭的状况，与我从事的这项重要的工作，仿佛天造地设一般。你是否也感觉，在你的生命里，有些东西甚至是糟糕透顶的事，都事出有因？你是否能看到自己生命中的方向性？你是否感觉如果你摆脱桎梏，不再因循守旧，就能成功？我就是这么觉得的，结果我学会了倾听自己内心的声音。

这样做的效果总是很好。

我们都希望成为更真诚的领导者，在充满易变性、不确定性、复杂性、模糊性的局面中，和一支精英团队并肩作战，一同完成任务。但即使我们没有意识到自身存在的恐惧和阴影，它们仍然会让我们停滞不前。人无完人，每个人的领导之中都带有包袱。你现在要考虑的问题是：你最应该直视的恐惧是什么?

你能用始终直视它的方法来挖掘出自己的潜力吗?我相信你能,并建议你开始培养这七种品质。但在你去训练场开始训练前,或训练完回到团队忙着做事前,我这里还有一种品质可供你考虑。

战场通信、最大化共享、高度关注

1. 执行战场通信。仔细想想你们团队现在的战场通信状态，是否能让你看到团队的一致性和团队内的共同意识？你们是否与特殊战斗的节奏保持了同步？在会议频率、开会方式、共享愿景、共享标准化和时间方面，哪些是可以改善的？你是否践行了在心里"未战而先胜"的流程？

2. 最大化共享。你是否和团队共担风险，分享真实自我？有什么是可以改善的？你在信息透明性和共享领导权方面做得如何？寻找方法摆脱桎梏，让他人脱颖而出。

3. 高度关注。打印出需要聚焦的问题的清单，整天都将其放在显眼处。不时看看，让它们帮你高度关注在正确的任务上。

结论

最终品质

直视全身心投入更大任务所带来的恐惧。

不论墙体多厚，不论邻居有多安静，不论你在多晚的深夜倾听，有一种静默是你在室内无法感受到的。我所说的这类静默就是大自然的静默。如果你曾长时间待在野外，你肯定有这样的体会：仿佛世界停下来喘了口气。要倾听这种静默，我最喜欢的地方之一是纽约州东北部的阿第伦达克山脉。炎热的下午三点，酷日当头，枫树和橡树的影子几乎缩成一点。如果你努力去听，就能感受到这样的寂静时刻，你甚至能听到血液在血管里流淌的声音。

我曾被调往肯尼亚进行一个特种任务咨询项目，当参观一个巨大的野生动物保护区时，我又一次沉默了。我为土地的辽阔和美丽所震撼，但同时也黯然神伤，因为我了解到，因偷猎和战利品狩猎，非洲野生动物正以惊人的速度减少。

几年后，我遇到特种部队出身的慈善家达米安·曼德。

这次会见增强了我对人类演化能力的信心，也让我开始相信人类消灭暴力和剥削的决心。达米安知道什么是静默，他曾在南非和莫桑比克的野生动物保护区独自待过漫长的时间。在那里，他管理了多支队伍，任务是对抗偷猎者。偷猎者来自富有的辛迪加组织，他们将偷猎的象牙和犀牛角出售，以获得财富。在面对环环相扣的多重挑战时，达米安团队采取的非常规方法获得成功，这坚定了我对这些拥有我在本书中提到的七种品质的领导者和团队的信任，我坚信他们能在世界上发挥重大的作用。

尽力避免暴力

达米安最初是清雷潜水员。清雷潜水员要完成的任务有潜水打捞、反水雷、海上战术作战（比如登艇等）以及水下爆破物处理。后来，达米安成了一名合格的特种部队狙击手。我将通过我们的对话，让他讲述自己的故事，录音来自我的播客。

我：从一名战场上的狙击手到平民，你能告诉我这种转变给你带来了怎样的体验吗？许多人都在转变中迷失了自我，你是如何再次找回生命的意义的？

达米安：在战场上的日子很艰难，对吧？当你被打入尘埃，就难以起身，无法看到未来。听说你通过勇气基金会这个项目来帮助老兵解决创伤后应激障碍问题，并降低了他们的自杀风险，这非常有意义。对于许多像我们这样服过役的人而言，当子弹不再横飞时，真正的战争才算开始，而你还在试图弄清楚你与生活的关系。在你回来前的世界里，你对你周围的人而言就是一切。突然之间，当你回到家中，你却形单影只。

当你回家时，当地报纸上再没有关于"狙击手"的工作岗位。我会反思自己参战的初衷，战争意义何在，但反思是一个艰难的过程。

我：我知道，战争就是一场悲剧。看起来它是人类生活的一部分，但我不认为永远会这样。当更多人演变到我所称的第五稳定状态时，他们就会具备以世界为中心的观点，就越会在文化上发现战争令人憎恶之处。我听过一位智者的回答。有人问这位智者："你们如何看待来自饱受战火摧残的地区的移民危机？你们是同情，还是希望采取严厉措施阻止移民？"智者笑了笑，回答道："你知道吗？我会要求我们不再为暴力投资。"

说得好极了！为什么不停止为冲突投资呢？冲突中的人正不断从某处买到枪支弹药。为什么我们不停止生产军用枪支弹药和核武器呢？

是的，事情没那么简单，但胸怀世界的领导者和团队，是否可以开始这样思考？我相信可以。无论如何，我有点跑题了。但我这名退役海豹突击队员和达米安这名退役特种部队狙击手认同这点。

因此，达米安，当你从战场上回来时，你感觉迷失了，需要重新找到人生目标。许多饱受战后心理综合征折磨的人都会如此，他们茫然若失，找不到自己的人生目标。

但是你找到了你的人生目标。请告诉我们，你是怎么找到的？

达米安： 我去了南非，为的是冒险。在那里的 11 个月里，我沉迷于药物和酒精，陷入人生低谷。

我在十字路口徘徊着。十年前，我听说了反偷猎巡逻队——这是那儿的人们常谈论的话题。那听起来像一个浪漫的冒险，我认为自己可以加入。

我加入后经历了几件事情，它们改变了我的一生。一件是看到公园管理员在一年中离家多达 11 个月，做着利他的事情。而我来自一个需要捍卫自己地盘中的资源的世界，并且我已经拥有所需的所有资源。

但这些人是在保护这个星球的心肺，他们四周尽是敌意，最大的危险不是来自他们要阻止的偷猎者，而是来自他们试图保护的动物们。

这让我开始认真反思我的人生，让我感觉自己的人生很糟糕：在他们努力工作时，我却只想冒险。而且在战斗中，子弹无眼，当用子弹来对付这些动物时，就是单方面屠杀了。杀死动物获取象牙或作为娱乐的做法，非常不道德。要是放在十年之前，我可能会无动于衷，但战争经历让我的心理壁垒崩塌，让我学会从不同角度看待这个世界。不像人类，动物们的世界里不需要汽车、薪水和大房子。动物要的只是生存。而我们作为一个物种，却在不断剥夺它们生存的权利。

因此，我完全可以努力做点什么。房地产生意让我身价不菲。我也有特种兵的独特技能，因此我变卖一切，成立了国际反偷猎基金会，那差不多是十年前。如今，这个基金会已经在四个国家注册，在非洲的南部和东部运营。我们训练和支持的管理员保护着超过两万平方千米的原野，以及栖息于此的形形色色的动物。

我：这真是一份神奇的工作。请带我们认识一下偷猎的世界。偷猎的目的是什么？有什么经济利益？

达米安：偷猎有不同类型，最常见的是自给自足式的偷猎，当地人偷猎是真心想糊口而已，我对他们没什么意见。还有一种是商业偷猎，主要是为了象牙和犀牛角，因此大象和犀牛是最主要的目标物种。在黑市上，偷猎者按照三万五千美元一斤的价格出售犀牛角，而一只犀牛角的重量通常有二三十斤。这些动物应该被好好保护，而不是在面积几乎相当于一个小国家的范围里乱跑。

基金会刚成立时，我们预期它锐利如外科器械，能直赴前线保护自然环境中的动物。我打算像执行特种任务一样运行它。

我：因此，你开头的想法是派遣队伍去追捕偷猎者，以便实现"反偷猎"。你们真的会杀他们吗？还是说只是把他们包围起来，并予以逮捕？

达米安：我们试图围捕他们。我们不仅会以个人方式追捕这些家伙，也会训练当地部队。之所以称他们为家伙，是因为偷猎者大部分是男性。

我们大部分的工作是确保队伍在现场干劲儿十足，领导有方。许多行动成败之间的差别，往往就在于是否有一个好的指挥官。好的指挥官可以给队友传授技能，最重要的是，好的指挥官能和队友打成一片。我们先训练管理员，再让他们执行任务，让他们在组织中一同成长。

我们这个组织成长得飞快。我应用了许多特种部队作战技能，并且取其精华，去其糟粕。这就是一个让我不断成长的过程——努力向前，尝试新生事物，不惧犯错。在早些年里，我们没少出大乱子，但我们为此做好了准备，并在应对这些混乱局面的过程中实现了学习和成长。

我：你们行动的第一阶段产生了什么影响？有什么方法可以评估这种影响吗？

达米安：我们做过的最大的项目位置是在南非的克鲁格

国家公园边境上，这片栖息地上的犀牛数量占世界犀牛总量的三分之一。大部分犀牛栖息在克鲁格国家公园南部，位于南非的克鲁格和莫桑比克交界处。2015 年，80% 的偷猎者是从莫桑比克跨境而来。

神奇的是，后来南非出现了多达 400 个专注于犀牛保护的组织。但是没有一个是在南非和莫桑比克边境相邻的那块土地上活动。那片土地才是这个星球上保护犀牛最关键的地方。于是，我们去了那里，发动了地面进攻。保护区项目涉及 165 名人员，四个不同的政府部门。我们做的所有事就是：建造了更大的围墙，送走了枪支，派去了直升机和其他飞机。本质上，我们就是在和当地人对抗，但是我们成功阻止了偷猎者进入那个区域。他们是以猎取犀牛角为目的的国际偷猎者，大发其财，开着崭新汽车，住着大房子。

我们的行动使得近十年来全球犀牛角偷猎出现第一次退潮。

那个项目算是成功，但也是巨大的失败。我们是和当地社区作战，而他们因为需要钱，所有人都卷入其中，支持偷猎。

我：一次行动能阻止一群偷猎者，但不能改变导致偷猎肆虐的经济条件。你必须解决根本的经济条件问题，对吧？

达米安：没错。不仅这样，许多家庭中的丈夫、儿子是被装在裹尸袋里回家的。在那一带，400 多个参与过偷猎的人在行动中被杀。

拯救女兵珍妮

虽然这个项目遏制了犀牛偷猎活动，使其大幅度减少，但我依然认为这绝对不是答案。它让我们开始跳出原来的思路考虑问题，寻找新方法。正如我们所知，我们想出的方法将定义动物保护的将来，也许还会定义领导力自身的将来。

我：那是阿卡辛加项目，对吗？

达米安：是的。我在《纽约时报》看到过一篇关于美国女子陆军游骑兵部队一队训练的文章。我们曾认为动物保护是以男人为主的行业，前线中男女比例为 100 : 1。后来，我看到越来越多展现女性力量的故事，我发现，女性力量是当今世界发生正向变化的一股最大的力量。我认为如果女性不深入基层，就会缺乏晋升管理岗位和高级岗位所需的经验。

因此，与其抱怨女性领导者不足，不如让她们进入晋升领导者的通道中。

因此，我们组建了一支女性反偷猎队伍，但是没有一个自然保护区愿意接纳她们去工作，甚至连让她们尝试一下都不情愿。他们认为这是一个巨大的风险。但最终，我们找到了一个废弃的战利品狩猎自然保护区。

现在，让我解释下前因后果。战利品狩猎是一个夕阳产业，它为来自海外的人们提供射击大象或犀牛的娱乐。

我：脸书帮助消灭了那个产业，对吧？

达米安：是的，没错。此外，野生动物数量本身就在逐年减少，与狩猎得到的战利品有关的进出口法律也变得更严格了。但在非洲，有一块跟法国差不多大的区域被设立专用于战利品狩猎。在我居住的津巴布韦，大陆20%的面积被用于战利品狩猎。在过去，战利品狩猎是作为一种经济模式存在的，用以资助反偷猎行动。随着这种偷猎模式消亡，用于战利品狩猎的土地再无对偷猎者的防护。这是多么令人心酸的讽刺，是吧？

当这些区域相继消亡，所有的猎人都称他们自己为"保护主义者"，他们前往下一个还有动物可以射杀的地方，而像我们这样的人不得不来收拾残局。

2012 年，我们初选了 189 名男性，而在第一天结束时，就剩三个人了。只有这三个人适合继续！我以为女性的选拔结果也差不多，但结果却让我感到震惊。2017 年 8 月，我们进入这个区域，设立了女性管理员培训项目，申请者开始时有 87 人。面试之后，有 36 人开始了选拔训练，训练达到了特种作战水平的痛苦程度：冰冷、潮湿、疲惫和饥饿。

在 72 小时之后，只有三人自愿退出。我们那时便知道，自己拥有了独一无二的东西。我认为可以用痛苦到崩溃之间的距离来定义个人精神，这种精神正是我们所需要的，其他的东西皆可通过训练获得。但我需要精神，我需要个性，这些女性肯定有。

我这支小队伍由前特种作战教练组成，他们将这些女性置身于地狱中，却每每被她们的表现所震撼。一年多后，她们开始行动了。

之前，当我们准备建立一支反偷猎队伍时，我们会从全国招募。须注意，为了形成禁猎区，当地居民会被驱逐离开这块土地，因而这种做法已经制造了紧张局势。然后你引入与当地人毫无关联的外部管理员力量，他们和当地人非亲非故，不受其影响，不与其交谈。

我们这次决定从当地招募所有管理员。这意味着自然保护区如今带有社区投资的性质，我们投入到队伍上的每一分钱都有62%直接回流到当地社区，而不再流去政府或大酋长那里。

我：你的意思是，这些女性在当地有开销，因此她们的收入回到了当地社区？

达米安：对！她们任务所需的所有物品都是从当地社区采购的。这些女性一年的薪水相当于社区内一户人家的一年总收入。这个项目每34天流入社区的钱，就相当于过去战利品狩猎活动全年流入社区的钱。动物保护的资金如今流入女性手中，而研究显示，女性花在家庭和当地社区的钱，是男性的三倍。她们收入的90%回流到了当地的社区。

这不是有意为之，我们的战略让动物保护资金回流，间接成为对社区的投资，为女性赋能是我们的最高战略，这让社区用于发展的钱迅速增加。

这个项目缓解了所有问题。男性要射杀坏人，而女性要保护动物保护区，发现问题所在，并帮助解决问题，而不是射杀任何活物。当我们采用缓和的做法，减少使用军事化方法后，成本也降低了。

我：你们像智者建议的一样，不再往冲突中投入资金和精力，而是将其投入社区。

达米安：对我而言，这完全改变了我过去20年的军事执法观念和我对保护区的看法。

我：你同时在训练这些女性如何射击、移动和通信，对吗？我看过你一个学员的照片，她看起来就像一名海豹突击队狙击手。你会训练她们那么做，但她们还是倾向于先礼后兵，是吧？

达米安：是的。我们会做最好的期望，但同时也做最坏的打算，我们会训练这些女性使用各种工具和战术。赞比西河流域下游是世界上拥有最大的象群的地区之一，而在过去16年当中，8000头大象在那里被杀。8000支武装队伍在那里游走，他们有能力杀死管理员或动物们。我们的女子队必须做好与他们对峙的准备。

自 2017 年 10 月以来，队伍共实施了 62 次逮捕，不只是低级别的逮捕。但所有逮捕都是一枪未发。在乡村社会中，这些女性构成了非正式的通信网络，这是流言蜚语的客气说法。但是她们的信息触角真的无处不在，大部分犯罪是通过咖啡店的情报行动解决的。

最终，社区站在了我们这边。当地社区的一个电话或短信，就能告知你问题所在，远比你巡视 4000 平方千米来找出问题容易得多。

我：阿卡辛加这个名字是什么意思？它是怎么来的呢？

达米安：这是女人们自己想出来的名字，我想它的意思是"勇敢的人"。如果我们要招募这些女性，我们会给最压抑的人一个机会。因此，我们的招募对象包括遭受严重性侵和家庭暴力的人，因艾滋病致孤的儿童，离婚后的女性，单身母亲等。招募没有广为宣传，她们看到机会，就会尽力而为。

我：你们怎样招募呢？你们是否张贴海报说："如果你被性侵了，那么我想和你谈谈？"我无法想象这能行。

达米安：通过小道消息！这是关系非常紧密的社区，所有人相互之间都知根知底。我们会去找酋长，说明我们的计划。

他们开始有些质疑，认为这是在男人主宰的文化中属于男人的工作。而我们设法说服了他们。在他们的大力帮助下，我们才可能有机会。第二个动物保护区将于明年年初在肯尼亚开放。一旦我们正常运营，并成功让第三个保护区开放，那么我们将免费提供很多服务给愿意满足我们标准的其他组织。

当西方帮助推动了战利品狩猎的退潮，我们需要寻找保护区的替代方案。从经济学观点来看，我们的项目看起来是一个具有吸引力的替代方案。

我：我认为，通过为女性赋能来保护这些地方，支持家庭，保护野生动物，远比战利品狩猎更有市场。

达米安：当一切结束时，我坐在门廊里的摇椅中，只想回忆往事，回想我曾尽自己所能建立队伍，从而保护尽可能多的地方。我们拥有这个神奇的星球，这个在太空中旋转着的蓝色星球。我们在这里不断找寻奇迹，而我们周围其实一直都有奇迹发生。我认为保护地球是一项很值得的任务，它让我与地球之间建立了联系，也让这些女性与地球之间建立了联系。我们需要再给大自然一次机会，它会让我们惊叹。

我：我非常认同你的观点。你们是在保护环境和动物，你们还为女性赋能，让她们成为保护者。你创造的就是这么一个良性循环，对于其他行业，这也是个奇妙的模式。男性受利己主义驱使，他们要么克服利己主义这种弊端，要么靠边站。这一次就让女人来领导。

后来，达米安为我更新了女子队的最新进展。

达米安：生态系统让我们的气候保持稳定，让地球上的生命存活，如今却面临极端威胁。人类若不采取行动，注定会让数百万物种灭绝。在我们的文明中，没有什么是比立即保护大自然更加要紧的事情。

将女性置身于保护战略的中心，是一个简单的创举，这可以改变整个非洲大陆关于赋能、发展和博爱的观念。按照我所学，我相信除了阿卡辛加项目，女性还能让世界更美好。我们规划到 2025 年，组成一支多达一千人的素食女性军团，保护非洲的生态系统。我无法想象还有什么更具赋能功能的项目，可以传递这个信息。让我感到兴奋的是，这个项目具有高度可行性。我们的起点是撒哈拉沙漠以南的一个非洲内陆国家，由此我们开始进入保护区工作。

这个工作与当地原住民的冲突越来越大，在过去十年间，这个大陆上的武装冲突事件增加了七倍。我们所做的是将男性社会角色转变为建设和劳动方面的角色，而执法、管理和决策这样的权力角色将成为女性的社会角色。这样，我们就能缓解当地的紧张局势，把保护区和社区拉到一块，而运营成本会减少三分之二。剩下的三分之一大部分都投资到女性身上，继而推动社区发展，而我们的核心业务，即有关保护区的工作也比从前更为有效。

长久以来，我们被自我蒙蔽了双眼，无视这个自然界中最强大的力量，即保护家人是女性的天性。人类历史因利己产生的争斗被划上累累伤痕，而女性是家庭中的母亲，是家庭中的付出者和保护者，她们能将社会与自己连为一体，结束争斗，平息混乱。现在到让世界震惊于女性的力量的时候了！

万岁，达米安！我喜欢你的观点。

人类的命运取决于你

当我们快速进入充斥着人工智能、机器人、大规模杀伤性武器和日益增长的生存威胁的时代，作为人类的意义何在？在这个有些疯狂的世界里，我们如何发现更大的意义、相关性和更重要的使命？

《人类简史》的作家尤瓦尔·赫拉利声称，我们不再有能力处理我们给自己制造的威胁。核战争、生态系统崩溃和技术破坏都对人类生存产生了威胁。尤瓦尔认为这些威胁只能由一种全球文明来解决，但我们没有全球文明，我们被国家、文化、宗教理念所隔离，由僵化的以自我为中心和以种族为中心的世界观推动。我们做的像是无用功，甚至可能让我们将来更遭罪。

我们如何才能一起结束这种隔离？许多人期望互联网和全球移动接入设备可以引导我们进入地球村。那个设想多年前就褪色了。

新技术，比如区块链、星际探索和绿色能源开发能解决这些问题吗？毋庸置疑，技术可以延长生命，结束贫穷，甚至修复这个星球。但人类却与自己真实的天性隔离，人类彼此间也处于隔离状态，他们甚至用这些日趋强大的武器对付"其他人"。我们将继续做着利己的事，全然不顾我们的行为是否会造成全球危害。

由于我们与自己的真实天性和大自然隔离，我们不停为资源、领地和权力彼此竞争。孤立、种族歧视、性别歧视、绝对论者思维、掠夺地球的行为、专横和激进的行为，都源自隔离。这些隔离制造了恐惧、贪婪、暴饮暴食、沮丧、伤心、焦虑、愤怒和困惑。简而言之，隔离带来的痛苦，在全世界的文化舞台上不断上演。每个人都绝望地在自身以外寻找答案，以解除隔离。他们在下一任领导者身上，在学术界，在媒体炒作中，或在最新的自助课程中寻找答案，然而他们求之而不得。从没有人教过我们如何结束隔离，消除痛苦。因此，每个人都在不停切换场景，一路上重复着以前的故事。

要结束和他人的隔离，我们必须首先终结自我隔离。我们必须直视恐惧之狼，唤醒我们的善良天性，并彼此相连，达到整合的第五稳定状态。因此，人类的命运取决于你和我。要全球合一，先须自身合一。

我谨以本书激励你重新塑造自己作为领导者（和队友）的角色，为了将来也为了现在。这个角色是要培养领导者的灵活性，构建纵向发展的团队和组织，引领社会和环境变革之路，完成共同的任务：赢回我们的未来。

工业时代的官僚机构和企业集团，已经失去了在这个新时代的领导权，虽然在多数情况下这并非其本意。而西方媒体将继续沉迷于文化和政治的阴暗面。只剩你我可以改变大局，让我们积极行动，以世界为中心。

今后20年间，我们极有可能成为星际间的物种，在月球和火星上设立居住点。在转变为星际物种的过程中，我们将如何管理我们的地球家园呢？依然我行我素，却祈求好结果吗？等着一些才华横溢的企业家来解决问题？我个人以为，这些都不管用。你和我都需要拓展自身潜能，提高理解自己的能力，然后将这种扩张的力量注入团队和组织。这是唯一的方法，让我们不会像大橡树一样在技术海啸中被击倒。

技术的高速发展很快会让地球变"小"。我能想象，我们将在今后十几年内达到技术顶峰，那时超过百分之十的人将自视为部落成员，同时又自视为全人类的公民。那意味着，这些人将为所有人争取同等的权利、自由和尊重。他们也将要求国家不再使用暴力，并在全球和本地层面保护环境。我会看到人们在小学阶段就教授呼吸、冥想、可视化技术和其他心智技能，从而让人性向着更积极的方向快速前进。

如果让核威胁继续，或者让经济问题、环境问题上的失败继续，那么我们根本没有未来。自认为"我这类人比你这类人好"的日子必须结束。只有当足够多的团队和领导者共享了关于这七种品质的真理，我们才能成为主要领导，才能占领舆论高地。然后，我们要一起转化文化和社会结构，让人类与地球家园实现和谐共处。

现在轮到你进入变革推动者的角色，以身作则，无所畏惧地完成任务。依靠你的精英团队，心怀七种品质，你将产生重大影响力。团队就是变革之媒介，就像阿卡辛加女子队一样，你将心胸开阔地领导团队。你的智慧和你的心灵将催生出勇敢的行动。

让我们一起直视恐惧之狼，为我们的社区和地球而战，为所有人类而战。冷静地看看，如果你我都无动于衷，那么未来会变成什么样子？那场景一点儿也不美妙。就让我们共同创造另一番更好（大有可能）的未来吧！只要心底无私，我们就能直视如今的消极力量。到了我们挺身而出的时刻了！

最后，我们需要激励年轻队友，思索如何让你的团队和组织有所作为，培养勇气、信任、尊重、成长、卓越、韧性和一致性，以释放巨大潜能。

让我们一起努力！全队一心，所向披靡！

直视该死的狼

恐惧让我们裹足不前。培养第一种品质，让你既有精神之勇，又有血气之勇。直视恐惧，同时鼓足勇气，这将自然而然推动你具备其他品质。勇气来自立场坚定，敢于行动。其实七种品质中的每一种都需要行动，每一种品质都与其他品质联系紧密。

没有勇气，便没有信任。没有信任，相互之间便难有尊重。尊重不存，则无以成长。成长缺失，无以展现卓越。不培养卓越，自然无法有韧性。最终，缺乏韧性便让团队难以和你的愿景或任务保持一致。

直视内心之狼，需要每日推动身、智、心的进化。不为困难所动摇，甘之如饴，享受由此带来的快速成长。

路途之上，别忘记三件事：

1. 自主是每日必练的品质。我们的进化演变，由我们自己掌控。这让你的勇气如烈焰升腾，为其他品质助力。

2. 这不是你一个人的事。你的每一次努力都将积极影响团队和他人。检视自我，为团队而努力。

3. 你必须发现自己独一无二的使命，并由此出发。要具备韧性，你需要具备独特的技能，以及以世界为中心的价值观。

这些既是日常练习，又是值得信奉的强大人生信条。让我们重温每项的核心练习和原则吧！

勇气

勇气意味着直视你在捍卫真理时产生的恐惧。我们要重视包容性和相互联系。若要达到以世界为中心的稳定状态，我们不能否认、妖魔化或评判他人。我们不能自以为是，要避免对他人评头论足和以我为尊，包容并尊重他人的价值。

我们也需要勇气，跟随召唤，不盲从于他人，不盲从于父母之命，万事皆不盲从。勇气代表着我们不因工作而屈从于浑蛋，不要像我在科罗纳多酿酒公司那样，我那时满心想着赚大钱，一辈子有免费啤酒喝，现在看看结局如何，那可谈不上有勇气。

勇气需要我们提高自己的风险耐受力，听从内心指引。为此，我们必须练习打开心门。最好的方法之一是迫使自己每天进行关键而富有同情心的对话。知道该做什么，却放任自流直到对话机会"溜走"，这是我们都曾经历过的时刻。其实它们从未溜走，对吧？每天进行一次那种对话，就能培养勇气。这能让你练习在彼此连接时对他人敞开心扉，你将提升抗风险能力，分享重要经历，从而赢得更多信任和尊重。这些便如此紧紧相连。

信任

信任意味着直视不能完成承诺的恐惧。要赢得信任，必须保持透明性、谦逊，以及有能贯彻到底的纪律。当计划进展不顺时，不要躲着毫不作为，或者怪罪他人或外部情况。行动和学习都可以消除疑虑，但行动更重要。培养信任最强有力的行动之一是承认自己的错误。在竞技场冒险培训公司中，我曾把自己的错误隐藏起来，让自己的信用严重受损，因此毁掉了团队对我的信任。

承认自己的错误，不是指默默承认，而是大声而谦卑地说出来："嘿，我搞砸了。很明显，我不完美！我希望没让你们受太大影响。我需要你们帮我一起扭转局面。"听起来简单，但前几次说出来可不容易。我们往往从小被教育，认为做错事是件坏事，这是胡扯。对做错事进行反思，是我们共同学习的方法之一。想要快速拥有真诚之心吗？那就在你搞砸的时候告诉每个人你在挽回局面，你在进步。只要这么做了，人们就会很快再次信任你。

尊重

直视被评价而引起的恐惧，真正弄清驱动自己的原因和自己的使命。明确你自己的具体目标和隐含目标是什么，明确你可接受的成功和失败是什么。以道德为准绳，以正直为约束进行沟通。计划赶不上变化，要想渡过难关而没有损伤，你必须在整个过程中的每一步都明白，你所做的事情意义何在，以及你自己工作的具体内容是什么。否则，人们对你的尊重会快速消失。让团队知道，最终的胜利可能与最初设想截然不同，这实属正常。重要的是团队如何应对挑战和变局，团队成员们如何适应，这才是成败关键。在海豹突击队，认识到将来应该避免做什么，也是一种可以接受的胜利。你要保持极大的灵活性，以便一直前进。

你必须每天都去赢得尊重，用满腔的正直来沟通。这需要你摘下面具，用此处引入的沟通法交谈：所言为真，言之有意，言之有物，言辞积极而正面。

如果戴着那些面具，那么你就会失去尊重，因为团队将立即看穿你。最需要丢弃的面具是因恐惧而生的完美面具。最早时，我将"NavySEALs.com"分包出去，是为了遮掩自己的恐惧。我妄自菲薄，害怕失败，只能另请高明。那种依赖心理来源于自己儿童时代的无价值感，当我有了自我认识和勇气来直视它时，这种依赖性就自然而然地消失了。如果我早点接触这些心理治疗法，早点摘下面具，那么我就能节省大量时间、金钱，也会少许多苦痛。往事就像一场灾难，彼此之间都失去了尊重。

尊重来时慢，去时快。

每日努力抓住每个抛弃面具的机会，尊重自然而然就来了。

成长

纵向成长的过程中会令人感到不适，你们要直视因这种不适而产生的恐惧。和团队一同练习培养七种品质，让内心充满动力，你将发现自己成长的速度让人难以置信。你需要成长为以世界为中心的领导者，如同可怕兄那样通过成长来实现这一点。如果你会在一天中花八小时到十小时"工作"（你们中的不少人会花更长时间），那么为何不用那个时间给自己一个主要的成长机会呢?

你可以对挑战和多样性进行分类，寻找更多导师，不是一个，而是一个导师团队和教练团队，你也可以成为其他人的导师或教练。

人人都需要导师，并且需要不止一类导师，包括体能训练、个人成长、商业培训、心理治疗类的导师等。一个导师要提供所有这些支持，是非常难的一件事。

当我回想过去，比较两个时刻的结果，一个是我得以成长并拥有导师的时刻，一个与之相反，我发现两者的结果有天壤之别。当我因外物而分心，我很容易偏离正轨，忽视我作为一个人的努力。例如，我在科罗纳多酿酒公司、竞技场探险公司、我早先的网站"NavySEALs.com"的灾难结局，都是因为我"停止"了在内心的努力。后来，我再不会将成就置于成长之前。当我发现传授这些原则是我的使命时，我甚至能将其发扬光大。

内心安宁，心如止水，胜过荣耀加身，胜过家财万贯。

开创SEALFIT培训中心时，我把体能、智力、情绪、直觉和精神技能的整合训练，作为每日训练模式的一部分，我会带头示范训练。我开始重新练习武术、冥想和瑜伽，无论晴天雨天，我都坚持每天至少练习一小时。因此，我的一切都日益完善起来。如果你每天都保持纵向成长，那么你将大踏步快速前进。挑战不曾远离，但你将具有新的视野和韧性，并做出正面积极的响应。一旦停止训练，老旧消极模式又将浮现。恐惧之狼没有离开你的脑海，它只是躺在那里，等待机会再次让你看到。

通过这些每日训练内容，我实现了不断成长。你要保持新鲜感，永远不要太舒适。

卓越

直视被视为独一无二的恐惧，提升求知欲、创造力和简化的能力。卓越先始于内心，后外显于性格和行动。这需要你拥抱沉默，进行可以培育简洁的能力、求知欲和创造力的练习。卓越是一种存在方式，更是一种行动方式。

团队需要花时间一同练习这种品质，一同适应不适，时不时停下来休整或腾出空闲时间来反思、恢复并加深理解，从而获得重要的新视野。

先体现卓越，再通过行动传播它。

当你对卓越的理解体现在每日练习中，而不是停留在概念里，你和团队都会变成"海豹六队"。磨炼性格，先成为在道德上勇敢的、可依赖的、可敬的人，然后凭借卓越完成任务。每天早晨匀出十五分钟到三十分钟用于你的"基本训练"，其中用五分钟到十分钟做深度盒式呼吸练习，接着进行五分钟到十分钟的正念练习，最后把突然冒出的模式和想法记录下来。团队练习则包括盒式呼吸、可视化练习以及喂养勇气之狼的练习。

韧性

直视面对巨大障碍的恐惧。倒下七次，站起八次，你会面带着微笑变得更强大。人们常说我们需要适应并克服障碍，但我建议我们先克服障碍，再适应障碍。先战胜困难，然后总结经验，学会适应，变得更有韧性、更明智。

韧性同时也体现在快速学习上，这样你才能"朝着枪声跑去"，就是说要勇敢面对障碍和挑战。学会快速学习的方法，同时相信真正的你要比想象中的你强大至少20倍。然后用具体行动去证明这一点。无惧障碍，应用危机领导力、"观察、定位、决定、行动"循环和本书讨论的其他工具，一次一个地，坚持不懈地战而胜之。

我常用的一个口号是："日复一日，方方面面，变更强，变更好。万岁！"

"万岁"这个词是海豹勇士的呼声，从而让队伍团结在"我们能搞定，没问题"的精神之下。这个口号让我积极乐观，助我养成韧性。不要害怕从零开始，倒空你心灵的杯子，引入新观点和新能量。每天不忘初心，每天都是新起点。

一致性

当你分享完完全全的自我时，你可能会产生恐惧，你要直视这种恐惧，学会共享所有值得共享的东西。你可以分享自己承担的风险、自己获得的回报，以及自己和整个团队的经历。跳出固有模式，走出办公室，打开你的思维，连接你和团队成员的内心，真诚以待。你可以询问事件进展的好坏，以及有什么自己可以帮忙的，或者参与跨部门团队、特种部队或智囊团的工作。你要冒着自己不是专家的风险，然后成长为专家。你要主导那些让自己害怕的事。若你是领导者，那就分享你的愿景和期望，坚持使用战场通信，以便实现团队同步。

每个人都有独特的技能。不要隐藏自己的技能，也不要阻碍别人的技能展示。遇到"全体动员"时，要乐于撸起袖子，收拾残局。最坏的情况莫过于作为专家却感觉事不关己。让团队成员建立一种共享的意义感吧。

举行一个非常有意义的晨间仪式，让自己在心里进入"未战而先胜"的状态。从错误中吸取教训，在晚间仪式中克服后悔情绪。

在生活中，永远抱着"一天即一生"的观念。

勇气产生信任，信任产生尊重，尊重促就成长，成长卓越，卓越铸造韧性，而韧性赋予你不断与团队保持一致的力量，同时让你可以高度关注以下问题：任务与谁有关？为什么要执行这次任务？这次任务是什么？如何完成这次任务？

这就是团队一同成长的方法，这就是你成长为值得他们尊重的领导者的方法。作为队友，你是谁？作为整体，团队是什么？我们为何都做着我们在做的事情？我们如何一起实现团队目标？这些才是最为重要的。

齐心协力，全队一心，我们定能获胜！直视恐惧之狼，万岁！

无懈可击的精神

如果每个人都参加了本书中提到的"战无不胜的大脑"项目，那么你的团队或业务将会如何？如果人人都具有"战无不胜的大脑"项目强调的顽强意志力、韧性和情绪觉察力，又会如何呢？

如果团队中的每个人都专注于团队发展，并帮助身边的人提升能力，那么你的业务会有什么样的不同？如果他们可以培养出铸就精英团队的七种品质，又会怎样体现出勇气、信任、尊重、成长、卓越、韧性和一致性呢？

偏见以及负面的条件作用，会阻止你变成以诚心为本的领导者和队友，如果每个团队成员都能勇敢面对这些将会怎样呢？

好消息是你不用再为之疑惑，通过这本书，你将帮助自己和你的团队直视恐惧之狼，并修炼出战无不胜的大脑。

致谢

当出版商邀请我创作一本关于海豹突击队领导力方面的书时，我不想再老生常谈。我有些队友，甚至我自己，都写过这方面的书。

的确，海豹突击队在战场上的高效令人难以置信。子弹乱飞，而指挥官以勇为乐，让带领团队看起来很轻松。但凭我的经验，虽然带领海豹突击队应对充满易变性、不确定性、复杂性、模糊性局面的故事，读起来令人兴奋，但这不会让你从首席执行官或企业家突然转变为"精英领导者"，在这个过程中间缺失了重要的东西。

在现实中，海豹突击队所处的系统和文化让带领团队变得比较容易，但当我离开海豹突击队，自己组建一支创业团队，以及后来组建一支企业团队时，我们却缺乏那种非凡的组织结构和文化来支撑，我本身的许多瑕疵也无法得到解决。我在单打独斗，而新团队对我是否曾带领过海豹突击队毫无兴趣，很快，自我和阴影成为我的绊脚石。

因此，我首先要感谢所有的队友，感谢那些帮助我暴露我的阴影和局限性的人。我要特别感谢那些时至今日依然视我为"敌"的人。不经历痛苦，我达不到今天高度的一半。

感谢迈克尔·霍姆勒对我的信任，让我按照自己的方式完成这个项目。感谢约翰·韦尔谢，我接受了他的建议，给本书起了一个史诗般的标题，并且围绕这个标题明确了写作重点。

感谢我所有的老师和导师，他们都大力帮助我直视我自己的恐惧之狼。感谢所有我在本书中描述过的海豹突击队员。感谢为我提供灵感的公司和个人，感谢你们同意将你们的经历作为内容写进本书。

感谢我的精英团队，吉米·布拉特、梅勒妮·斯维沃克、杰夫·哈斯凯尔、迈克尔·奥斯特罗内克、理查德·汤普森、马克·克兰普顿、罗伯特·奥德、琼·阿特沃特、威尔·波特、艾利森·格雷德尔和塔拉·特雷纳，感谢你们忠诚而强有力的支持。

最后，我想感谢我的家庭，感谢他们让我一直处于成长的道路上，直视我的恐惧之狼；让我拥有每天展现真诚、专注当下的力量。我爱你们，珊迪、辛迪、凯瑟琳、戴文、里奇、怀尔德、维奥莱、当热、拉里和斯塔莱特。